Leia & Pense em
ESPANHOL

Leia & Pense em
ESPANHOL

Aprenda o idioma e conheça
a cultura do mundo de língua
hispânica através da leitura

Dos editores da revista
Think Spanish!

ALTA BOOKS
EDITORA
Rio de Janeiro, 2011

Leia & Pense em Espanhol Copyright © 2011 da Starlin Alta Con. Com. Ltda.
ISBN 978-85-7608-555-3

Produção Editorial:
Starlin Alta Con. Com. Ltda.

Gerência Editorial:
Anderson da Silva Vieira
Carlos Almeida

Supervisão de Produção:
Angel Cabeza
Augusto Coutinho
Leonardo Portella

Equipe Editorial:
Heloisa Pereira
Sérgio Cabral
Andréa Bellotti
Deborah Marques

Tradução:
Isabella Nogueira

Revisão Técnica:
Carla Cabrera Valdivia
Pós-Graduada em tradução

Revisão Gramatical:
Mariflor Rocha
Lorrane Martins

Diagramação:
Roberto Barroco

Capa:
Hermann Kyaw Neto

Fechamento:
Alessandro Talvanes

Translated From Original: Read & Think Spanish For McGraw Hill ISBN: 978-0-07-146033-0

Original english language edition copyright © 2006 by Second Language Publishing. Published by Mc Graw Hill. All rights reserved including the right of reproduction in whole or in part in any form. This translation published by arrangement with Wiley Publishing, Inc.

Portuguese language edition Copyright © 2011 da Starlin Alta Con. Com. Ltda. All rights reserved including the right of reproduction in whole or in part in any form. This translation published by arrangement with McGraw Hill.

Dados Internacionais de Catalogação na Publicação (CIP)

L525	Leia & pense em espanhol / dos editores da Revista Think Spanish! ; [tradução Isabella Nogueira]. – Rio de Janeiro, RJ: Alta Books, 2011.
	220 p. : il. + 1 disco sonoro (70 min).
	Inclui glossário. Tradução de: Read & Think Spanish. ISBN 978-85-7608-555-3
	1. Língua espanhola - Estudo e ensino. 2. Língua espanhola - Leitura. 3. Língua espanhola - Fala. 4. Língua espanhola - Escrita.
	CDU 806.0
	CDD 468.24

Índice para catálogo sistemático:
1. Língua espanhola   806.0

(Bibliotecária responsável: Sabrina Leal Araujo – CRB 10/1507)

ALTA BOOKS
EDITORA

Rua Viúva Cláudio, 291 – Bairro Industrial do Jacaré
CEP: 20970-031 – Rio de Janeiro – Tels.: 21 3278-8069/8419 Fax: 21 3277-1253
www.altabooks.com.br – e-mail: altabooks@altabooks.com.br

Sumário

Cultura

Viaje

Tradición

Celebración

Personas

Deportes

Música

Historia

Geografía

Gastronomía

Introdução

O livro *Leia & Pense em Espanhol* apresenta uma abordagem atraente e não intimidante para o aprendizado do idioma. Sendo um aprofundamento dinâmico da língua em casa, o *Leia & Pense em Espanhol* tem o objetivo de aumentar a fluência no espanhol enquanto ensina sobre a vida e a cultura nos países hispânicos.

Esta ferramenta de aprendizagem foi projetada para construir e expandir sua confiança em relação ao espanhol, apresentando os vocabulários e as frases em contextos relevantes e estimulantes, que também enfatizam as quatro habilidades da linguagem: leitura, escrita, fala e compreensão do idioma em estudo.

O *Leia & Pense em Espanhol* dá vida ao espanhol! Nosso diversificado time de escritores internacionais está feliz por dividir seu idioma e cultura com você. Leia uma narrativa de viagem a Espanha, ou um documentário sobre a música popular colombiana; explore a geografia amazônica e as florestas da Costa Rica. E não se esqueça de que enquanto está desfrutando desses intrigantes artigos, você está aprendendo o idioma hispânico.

O *Leia & Pense em Espanhol* é usado por educadores e estudantes de todas as idades para aumentar a fluência na língua espanhola com naturalidade e eficácia. Ao usar este livro como complemento numa sala de aula ou como guia para o aprendizado autodidata, você construirá ativamente a gramática e desenvolverá seu vocabulário.

As informações culturais fornecidas em cada capítulo criam um profundo entendimento sobre as tradições e culturas dos países falantes da língua espanhola, e em troca estimulam um maior interesse e êxito no aprendizado. Cada artigo vem acompanhado por um glossário bilíngue. Você pode ler e aprender sem ter que parar para procurar as palavras em um dicionário.

O *Leia & Pense em Espanhol* se ajusta a diferentes níveis de conhecimento, do iniciante ao avançado:

- **Iniciante:** Recomendamos que o estudante tenha o equivalente a um semestre de espanhol na faculdade ou no ensino médio. Sua experiência prévia com a língua espanhola pode ter sido na escola pública ou particular, programas autodidatas ou programas de aprofundamento. O *Leia & Pense em Espanhol* permitirá que você se aprofunde no idioma e na cultura; e o seu entendimento sobre a estrutura da frase e do uso dos verbos será reforçado.

- **Intermediário:** Como estudante de nível intermediário, você aprenderá mais vocabulários e frases novas, e notará um aumento em sua fluência e capacidade de compreensão, além de aprender as diferenças sobre o idioma e a cultura enquanto percebe os autênticos estilos de escrita dos autores de vários países.

- **Avançado:** O estudante avançado continuará adquirindo informações valiosas, já que o aprendizado de uma língua é um esforço para toda a vida. Os vários tópicos de um time de escritores internacionais lhe oferecem a oportunidade de aprender um novo vocabulário e adquirir uma nova percepção da língua e das pessoas.

Qualquer que seja o seu nível atual de conhecimento, o *Leia & Pense em Espanhol* é um método eficaz, divertido e acessível de aprendizado da língua espanhola.

Experimente o entusiasmo que vem do aprendizado de um novo idioma e da descoberta de uma nova cultura. Leia, fale, divirta-se — pense em espanhol!

Guia para o Sucesso

O *Leia & Pense em Espanhol* está dividido em capítulos que guiam o estudante pela cultura dos diferentes países falantes da língua espanhola. Ao final de cada capítulo há uma seção chamada "Teste sua compreensão". Essa seção estimula o desenvolvimento da compreensão da leitura e favorece o entendimento do espanhol escrito em diferentes vozes.

Não é necessário estudar o *Leia & Pense em Espanhol* do começo ao fim, nem mesmo numa ordem determinada. Você pode ler por capítulos, ou escolher um capítulo ou artigo que seja de seu interesse. Pode completar as perguntas dos testes artigo por artigo, ou por capítulos. Essa flexibilidade permite que o usuário avance em seu próprio ritmo, lendo e relendo o material segundo sua necessidade. Os artigos, que são de grande interesse, fazem com que a aprendizagem seja mais agradável e a leitura seja mais estimulante.

- Leia o artigo para ter uma ideia geral sobre o tema. Não se preocupe se a princípio não compreender todo o vocabulário.

- Após ter compreendido sobre o que se trata o artigo, leia-o de novo, fixando-se no vocabulário que não conhece. Dê atenção especial ao contexto onde tal vocabulário é usado.

- Pratique lendo o artigo em voz alta.

- Se tiver acesso a algum sistema de gravação, pratique gravando os artigos ou peça a alguém que tenha fluência que os grave. Depois, escute as gravações e veja como sua compreensão auditiva vai melhorando com o tempo.

Repita, Repita, Repita! Isto é muito importante quando estiver memorizando partes e a pronúncia das palavras que são importantes. A repetição ativa é, algumas vezes, a única maneira de lembrar-se dos detalhes difíceis de serem retidos na memória. Essas repetições orais frequentes ajudam a fixar o som das palavras em seu "ouvido interno". Esta dimensão auditiva o ajudará a lembrar-se das palavras mais adiante. Com o *Leia & Pense em Espanhol*, você tem a oportunidade de repetir diferentes processos de aprendizagem quantas vezes quiser, e quantas forem necessárias. Repetir a leitura, escuta e fala repetidamente vai ajudar você a alcançar seu objetivo de dominar a língua espanhola.

Glossário Bilíngue Sob Medida

Ao lado de cada artigo é encontrado um glossário bilíngue correspondente e de fácil acesso e compreensão enquanto você lê o texto em espanhol; com a leitura ininterrupta, a compreensão é aperfeiçoada e o vocabulário é rapidamente absorvido.

Cada texto contém vocabulário, gramática e frases novas, assim como repetições de frases e vocabulário previamente estudado. As repetições ao longo dos artigos servem para aumentar a compreensão da leitura e para facilitar a memorização. Os artigos estão escritos a partir de diferentes perspectivas e ainda que a maioria esteja na terceira pessoa, há alguns na primeira pessoa também. Esta mudança ajuda o leitor a reconhecer a conjugação dos diferentes tempos verbais.

Muitos professores de espanhol recomendam "criar uma imagem mental" das palavras estrangeiras ou associá-las a objetos e situações familiares para aumentar a memorização das mesmas. À medida que vai aprendendo um novo vocabulário com o *Leia & Pense em Espanhol* você não precisa "criar" nenhuma imagem, elas são criadas automaticamente em sua imaginação com o desenvolvimento da história. Leia com calma e imagine a história da mesma forma que foi escrita e absorva o vocabulário novo. Se uma palavra ou frase for especialmente difícil, tente associá-la com a imagem que ela representa na história, enquanto a pronuncia em voz alta.

Os verbos aparecem no glossário primeiro na forma conjugada, conforme aparecem na história, e depois no infinitivo.

Por exemplo: **salimos/salir:** saímos/sair
                aportaban/aportar: carregavam/carregar

Teste Sua Compreensão

As perguntas dos testes no final de cada capítulo foram produzidas para que você continue desenvolvendo sua habilidade de compreensão da leitura e para garantir seu triunfo no estudo do espanhol, além disso, ao determinar o significado geral do artigo pela formação da palavra, gramática e vocabulário, você aprenderá a usar o contexto para determinar o significado. Quando entendemos o contexto geral, muitas vezes podemos "adivinhar" o significado das palavras desconhecidas, com base no contexto de uma frase, parágrafo ou artigo. As respostas estão no final do livro e dentro de cada capítulo.

Informações Sobre o Autor

O *Leia & Pense em Espanhol* baseia-se em artigos do *Think Spanish! Audio Magazine*, um periódico mensal sobre o aprendizado do idioma, publicado pela Editora *Second Language Publishing*. Os escritores do *Think Spanish! Audio Magazine* são falantes hispânicos nativos, entre os quais estão professores universitários e de ensino médio, especialistas em viagens e jornalistas. Os artigos deste livro foram coordenados e compilados sob a direção de Kelly Garboden, fundadora e editora-chefe da *Second Language Publishing*

Leia & Pense em ESPANHOL

Los hombres son como los astros,
que unos dan luz de sí y otros brillan con la que reciben.

José Martí

Cultura

vejigantes: quem se fantasia (como monstros)
pueblo: cidade
habitantes: habitantes
ya que muchos: já que muitos
esclavos: escravos
traídos a la isla: trazidos para a ilha
la conquista española: a conquista espanhola
se asentaron/asentar: estabeleceram-se/estabelecer-se
libertad de religión: liberdade religiosa
se encargaron: encarregaram-se
convertirlos/convertir: convertê-los/converter
cristianismo: cristianismo
nacen/nacer: nascem/nascer; surgem/surgir
mantener: manter
mezclada: misturada
Moros: mouros
no eran: não eram
Santiago Apóstol: apóstolo santiago
salen a la calle/salir: saem às ruas/sair
para asustar a los jóvenes: para assustar os jovens
usualmente: geralmente
se visten/vestir: vestem-se/vestir
mamelucos: roupas parecidas com as dos nossos "bate-bolas"
colores brillantes: cores vivas
mangas: mangas
parecen alas: parecem asas
lo más impresionante: o mais impressionante
máscaras: máscaras
hechas de coco: feitas de coco
se corta: é cortado
em 45 grados: em 45 graus
se saca la fruta de adentro: a polpa é tirada de seu interior/tirar a polpa de dentro da fruta
mas dura: mais dura
se talla/tallar: é talhado/talhar
cara grotesca: cara grotesca
dientes: dentes
bambú: bambu
cuernos: chifres
tallo: corte
racimos: cachos
guineo: banana
razas: raças

Los vejigantes
PUERTO RICO

Loiza es un **pueblo** al noreste de Puerto Rico. Sus **habitantes** son de descendencia africana **ya que muchos** de los **esclavos traídos a la isla** durante **la conquista española se asentaron** allí. Los esclavos no tenían **libertad de religión** y los españoles **se encargaron** de **convertirlos** al **cristianismo**.

Los vejigantes **nacen** como una forma de **mantener** su religión **mezclada** con la religión cristiana. Ellos representan a los **Moros** que **no eran** cristianos.

Durante las fiestas de **Santiago Apóstol** el 25 de julio, los vejigantes **salen a la calle para asustar a los jóvenes**. Usualmente, las personas **se visten** con **mamelucos** grandes y de **colores brillantes**.

Las **mangas parecen alas. Lo más impresionante** son las **máscaras** que usan. Están **hechas de coco**. El coco **se corta en 45 grados**. Luego **se saca la fruta de adentro** y la parte **mas dura** del interior. En el exterior **se talla** una **cara grotesca**, pintada también de colores brillantes. Los **dientes** se hacen de **bambú** y los **cuernos** del **tallo** de los **racimos** de **guineo**.

Los vejigantes son parte de la tradición puertorriqueña y de la integración de diferentes **razas** en nuestra cultura.

¿Quién es el jíbaro?

PUERTO RICO

El **jíbaro** es el **orgullo** de Puerto Rico. Representa al hombre **trabajador** del **campo**. Su figura simboliza la honestidad y el **sentimiento** de **lucha** del pueblo puertorriqueño.

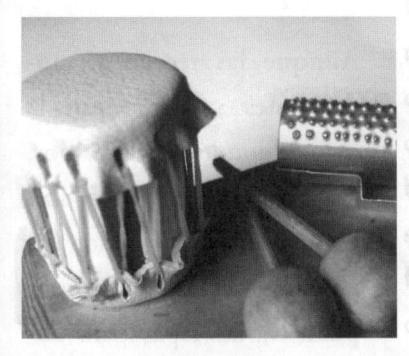

El jíbaro es **humilde**. Viste **pantalones anchos**, **camisas holgadas a medio abrochar** y un **sombrero de paja**, la pava, sobre su cabeza para **cubrirse del sol candente** del Caribe. La pava también se **ha convertido** en símbolo de nuestro país. El jíbaro es **luchador, pobre**, pero **lleno de sueños. Contra viento y marea, se mantiene fuerte.** Así es el pueblo de Puerto Rico. Así es el puertorriqueño y el jíbaro se mantiene vivo **para recordarnos lo que somos.** Nuestro **famoso compositor**, Rafael Hernández, **supo** de su importancia y le escribió una **canción**: El Jíbaro.

jíbaro: camponês porto-riquenho
orgullo: orgulho
trabajador: trabalhador
campo: campo
sentimiento: sentimento
lucha: luta
humilde: humilde
viste pantalones anchos: veste calças largas
camisas holgadas a medio abrochar: camisas folgadas abotoadas até a metade
sombrero de paja: chapéu de palha
cubrise del sol candente: cobrir-se contra o sol quente
ha convertido/convertir: tornou-se/tornar-se
luchador: lutador
pobre: pobre
lleno de sueños: cheio de sonhos
contra viento y marea: contra tudo e contra todos
se mantiene fuerte/mantener: mantém-se forte/manter-se
para recordarnos lo que somos: para nos recordar o que somos
famoso compositor: compositor famoso
supo/saber: soube/saber
canción: música

NOTA CULTURAL

Tradicionalmente um *jíbaro* era um montanhês pobre (como o caipira norte-americano) — alguém das montanhas, em *el campo* ou la isla como costumam chamar o coração da ilha em Porto Rico. Nem todos os residentes do interior da ilha são *jíbaros*. Alguns foram *hacendados* (receberam fazenda) pelas famílias prósperas. Os *hacendados*, que se consideram *españoles*, foram bem educados, geralmente terminando seus estudos na Europa, e tinham empregados. A música foi um importante componente no desenvolvimento da pessoa como jíbaro. Os *jíbaros* criaram seu próprio entretenimento e muitas vezes recorreram à música. Com fortes raízes espanholas, os *jíbaros* se tornaram poetas, compositores e grandes contadores de histórias. Muitos instrumentos contribuíram para a rica diversidade da música popular encontrada em Porto Rico. Alguns dos mais populares incluem os instrumentos de percussão chamados de tambores (troncos de árvore vazios, cobertos com peles de animais esticadas), *maracas* (abóbora recheada com pedrinhas ou feijões secos e presa a um cabo), e uma variedade de tambores cujos designs originais foram criados na África.

De tapeo
ESPAÑA

Ir de tapas es una **costumbre culinaria** a la que pocos **amantes del buen comer se niegan.** Estos platos, tan pequeños como **vistosos, han sobrevivido a través de los siglos** y son, sin duda, los reyes de la vida social española.

Aunque las recetas y **modalidades** varían **según** la región donde las comamos, las **normas** del **tapeo son compartidas** por todos los españoles: **acudir en grupo, pedir** varias tapas para **comerlas con el resto,** beber un **vinillo** para **alegrar el alma** y **hablar sin parar.** De hecho, si se observa a las personas que están **alrededor** de una mesa con tapas **parece que muestren** un elegante **desprecio** hacia la comida y es que, en realidad, **se da prioridad** al **gesto** y a la buena **charla** entre amigos.

La existencia de las tapas **se la debemos** al **rey** Alfonso X ya que fue **bajo sus órdenes** que los **mesones** castellanos empezaron a servir las **copas y jarras** de vino **acompañados con** algo de comida. Con esta nueva norma, el monarca **pretendía** que el alimento **se empapara** del alcohol y el vino **no subiese tan rápido a la cabeza** de los **asiduos** a las **tabernas, evitando** así **peleas** y otros **alborotos.**

A pesar de ser un **manjar apto para todos los bolsillos**, las tapas y su relación con la **alta alcurnia** no es poca, pues deben también su nombre a otro monarca. **Cuenta la leyenda** que el rey Alfonso XIII, de visita en la provincia de Cádiz, decidió entrar en el Ventorrillo del Chato—una **venta** que hoy en día aún existe para **refrigerarse** y **descansar un rato**. El **camarero** le llevó una copa de **jerez** al monarca y cuando la depositó en la mesa una **ventisca de arena** entró por la ventana.

Muy **avispado**, el **mozo** tuvo la idea de **tapar** la copa con una **loncha de jamón** para evitar que la arena (o algún **bichito volador**) **arruinara** el vino, **disculpándose** ante el rey por "**colocar** una **tapa**" para proteger el jerez. Le gustó tanto el **ingenioso sobrenombre** a Alfonso XIII que al rato pidió otra copa de jerez "pero con otra tapa igual". Los miembros de la Corte que le **acompañaban** imitaron el **pedido** y, desde entonces, la historia cuenta que la comida que acompaña a la bebida en los **aperitivos** recibe el nombre de tapas.

De las lonchas de jamón o queso que constituían las primeras tapas de la historia se ha pasado a una variedad tal que **supera toda imaginación**. **Chocos, patatas bravas, aceitunas rellenas, boquerones, croquetas, champiñones al ajillo, embutido, pescaíto frito, sepia a la plancha, gambas, tigres, bombas, chistorra** o **pulpo a la gallega**, son algunas de **las más demandadas**. Como **acompañamiento**, no puede faltar el vino o la sangría, aunque cada vez más, se está **imponiendo** la **cerveza**. **¿Alguien se apunta** a unas auténticas tapitas?

a pesar de: apesar de
manjar: manjar
apto para todos los bolsillos: que cabe em todos os bolsos; ser acessível
alta alcurnia: alta linhagem
cuenta la leyenda: conta a lenda
venta: pousada
refrigerarse: refrescar-se
descansar: descansar
un rato: um pouco
camarero: garçom
jerez: xerez (vinho xerez)
ventisca de arena: tempestade de areia
avispado: esperto
mozo: garçom
tapar: tampar
loncha de jamón: fatia de presunto
bichito volador: bichinho voador
arruinara/arruinar: arruinasse/arruinar
disculpándose/disculparse: desculpando-se/desculpar-se
colocar: colocar
tapa: tampa
ingenioso sobrenombre: engenhoso apelido
acompañaban/acompañar: acompanhavam/acompanhar
pedido: pedido
aperitivos: aperitivos
supera toda imaginación: vai além da imaginação
chocos: anéis de lula
patatas bravas: batatas picantes
aceitunas rellenas: azeitonas recheadas
boquerones: manjubas
croquetas: croquetes
champiñones al ajillo: champignons ao alho
embutido: embutidos
pescaíto frito: peixes pequenos fritos
sepia a la plancha: lula grelhada
gambas: camarões
tigres: ostras
bombas: almôndegas empanadas
chistorra: tipo de chouriço
pulpo a la gallega: polvô galego
las más demandadas: as mais pedidas
acompañamiento: acompanhamento
imponiendo/imponer: impondo/impor
cerveza: cerveja
¿alguien se apunta...?: alguém está interessado...?

me tiraría: gostaria de deitar	

me tiraría: gostaria de deitar

descansar: descansar

ratito/rato: tempinho/tempo

modorra: preguiça

sueño: sono

almorzar: almoçar

extendida: difundida

pueblos: povos

aunque: ainda que

menos: menos

palabra: palavra

proviene/provenir: origina-se/
originar-se

correspondía/corresponder:
correspondia/corresponder

mediodía: meio-dia

relacionamos/relacionar:
relacionamos/relacionar

en realidad: na verdade

reposo: descanso

acompañado/acompañar:
acompanhado/acompanhar

suele seguir: que geralmente segue

disfruta/disfrutar: desfruta/desfrutar

duerme/dormir: dorme/dormir

se relaja/relajarse: relaxa/relaxar

holgazanería: preguiça

estudios: estudos

afirman/afirmar: afirmam/afirmar

mitad: metade

ayudan/ayudar: ajudam/ajudar

recuperar: recuperar

descargar ansiedades: aliviar,
descarregar as ansiedades

desbloquear: desbloquear

mente: mente

altas temperaturas: temperaturas altas

agotador: cansativo

se convierte/convertir: torna-se/
tornar-se

excusa perfecta: desculpa perfeita

resguardarse: proteger-se

no perder fuerzas: não perder as forças

La siesta en Argentina
ARGENTINA

Zzzzzzzzzzz..... ¡Cómo **me tiraría** a **descansar** un **ratito**! ¡Qué **modorra**! ¿A quién no le da **sueño** luego de **almorzar**?

La siesta es una costumbre **extendida** en la mayoría de las provincias del interior de Argentina y en muchos **pueblos** de Latinoamérica, **aunque menos** en las grandes ciudades.

La **palabra** siesta **proviene** del latín *sixta*, que significa "la sexta hora del día"; entre los romanos **correspondía** al **mediodía**, las horas comprendidas entre las 13 y las 16 hs. Nosotros **relacionamos** a la siesta con el sueño pero **en realidad**, la siesta es el **reposo** (**acompañado** o no del sueño) que **suele seguir** a la comida del mediodía. El que **disfruta** de una siesta entonces, **duerme** un rato o simplemente **se relaja** unos instantes luego del almuerzo.

Los detractores de esta costumbre la relacionan con **holgazanería** pero, en realidad, existen varios **estudios** que **afirman** que unos minutos de relax en la **mitad** del día **ayudan** a **recuperar** energías, **descargar ansiedades**, **desbloquear** la **mente** y estimular la creatividad. En lugares con **altas temperaturas**, donde el clima del mediodía es **agotador**, la siesta **se convierte** en la **excusa perfecta** para **resguardarse** del calor excesivo y **no perder fuerzas**.

Pero, como en todo en la vida, el **equilibrio** es fundamental, **ya que** el **prolongado descanso vespertino podría alterar** el **ciclo normal** del sueño. Los especialistas recomiendan siestas de entre 15 y 30 minutos **diarios** y **nunca más** de 40.

En las grandes ciudades **suele escucharse** la **queja** famosa de "**no tengo tiempo** para la siesta**" porque en la mayoría de los **casos** se la **confunde** con la acción de "**meterse en la cama** a dormir"; **sin embargo**, un simple relax de 20 minutos en algún sofá **basta** para **aliviar** tensiones, **descansar** y seguir con las actividades. Otras investigaciones **aseguran** que el efecto **reparador** de este descanso **previene** el **envejecimiento** y **alarga la vida**. De hecho, los efectos inmediatos de una buena siesta **se reflejan** en la **luminosidad** de la **cara** y en el buen humor. ¿**Descansamos** un rato?

equilibrio: equilíbrio
ya que: já que
prolongado/prolongar: prolongado/prolongar
descanso: descanso
vespertino: vespertino
podría alterar: poderia alterar
ciclo normal: ciclo normal
diarios: diários
nunca más: nunca mais
suele escucharse/escuchar: costuma-se ouvir/ouvir
queja: queixa
no tengo tiempo: não tenho tempo
casos: casos
confunde/confundir: confunde/confundir
meterse em la cama: enfiar-se na cama
sin embargo: entretanto
basta/bastar: basta/bastar
aliviar: aliviar
descansar: descansar
aseguran/asegurar: asseguram/asseguram
reparador: reparador, revigorante
previene/prevenir: previne/prevenir
envejecimiento: envelhecimento
alarga la vida: prolonga a vida
se reflejan/reflejar: refletem-se/refletir
luminosidad: luminosidade
cara: cara, rosto
descansamos/descansar: vamos descansar/descansar

NOTA CULTURAL

Nos EUA a maioria das pessoas acredita que a origem da siesta (sesta) está geralmente relacionada com o México, mas na verdade é a soneca diária da região sul do Alentejo, em Portugal. Foi adotada pela Espanha, e depois, por influência, tornou-se tradição nas Américas do Sul, Central e no México. Entretanto, o conceito original da siesta era apenas o de descansar durante a metade do dia, esse intervalo tinha o objetivo de conceder às pessoas um tempo para ficarem com suas famílias e amigos. Nos últimos anos, estudos sugeriram uma necessidade biológica dos cochilos vespertinos, que parece ser uma necessidade humana instintiva. Os estudos têm mostrado que há uma forte tendência biológica para os humanos ficarem cansados e possivelmente caírem no sono no meio da tarde. Uma siesta, ou um cochilo um pouco mais longo, pode geralmente satisfazer esse desejo de dormir e permite que a pessoa acorde sentindo-se renovada e muito mais alerta. O principal benefício da siesta é a melhora do humor e da capacidade de raciocínio, assim como quando sua mãe falava para você quando estava parecendo um bebê chorão: "Vá tirar um cochilo".

pescando: pescando
se encuentra/encontrarse: há/haver
caleta: enseada
llamada/llamar: chamada/chamar
pescadores: pescadores
siguen/seguir: seguem/seguir
costumbre: costume, hábito
antepasados: antepassados
mar: mar
rústicos: rústicos
botes: botes
hechos de: feitos de
caña: cana
caballitos: cavalinhos
balsilla: jangadinha
a simple vista: à primeira vista
resistente: resistente
furia marina: fúria do mar
herencia: herança
habitó/habitar: habitou/habitar
zona costera: zona costeira
fecha: data
humildes: humildes
se ganan la vida/ganar: ganham a vida/ganhar
sacando/sacar: pescando/pescar
medio de transporte: meio de transporte
aparecía/aparecer: aparecia/aparecer
grabado: entalhado
lengua: língua, idioma
llegaron/llegar: chegaram/chegar
colonizadores: colonizadores
reino: reino
fueron rebautizados/rebautizar: rebatizado/rebatizar
se montaban/montar: montavam/montar
miden/medir: medem/medir
de largo: de comprimento
de ancho: de largura
de forma alargada: alongados
materia prima: matéria-prima
embarcación: embarcação
crece/crecer: cresce/crescer
cerca: perto de
ha alcanzado/alcanzar: tenha alcançado/alcançar
desarrollo: desenvolvimento
es cortada/cortar: é cortada/cortar
luego: depois
ponerla/poner: ser posta/pôr
secar: secar
arena: areias

Pescando con "caballos"
PERU

A 450 kilómetros al norte de Lima, en el departamento de La Libertad, **se encuentra** una famosa **caleta llamada** Huanchaco donde los **pescadores** del lugar **siguen** la **costumbre** de sus **antepasados** al salir al **mar** en unos **rústicos botes hechos de caña** llamados "**caballitos** de totora". Esta

frágil **balsilla a simple vista** pero **resistente** a la **furia marina** es la **herencia** de la cultura mochica, que **habitó** esta **zona costera** del Perú hace más de 1.200 años. Desde esa **fecha**, los **humildes** pescadores de este lugar **se ganan la vida sacando** los frutos del mar de esta forma.

Este **medio de transporte** ya **aparecía grabado** en las cerámicas pre-incas. Se les llamaba *tup* en **lengua** mochica, pero cuando **llegaron** los **colonizadores** españoles a este **reino fueron rebautizados** como "caballitos", por la forma en que los indígenas **se montaban** en ellos para salir al mar. Los caballitos **miden** entre tres y cuatro metros **de largo** por metro o metro y medio **de ancho**, y son **de forma alargada**. La **materia prima** para hacer esta pequeña **embarcación** es la caña de totora que **crece cerca** de esta caleta de pescadores. Una vez que la totora **ha alcanzado** su máximo **desarrollo es cortada** desde su base para **luego ponerla** a **secar** en las **arena** de la playa.

De allí, manos expertas **prensan** los **carrizos tejiendo** una **popa** ancha hasta **finalizar** con una **fina proa arqueada en punta**. Este ritual de construcción **continúa llevándose a cabo** desde hace **siglos**.

Muy de madrugada, como **caballeros** en sus **corceles** los *huanchaqueros* o pescadores salen **en busca** del **jurel**, **chita** o **corvina**. Observar a los pescadores **navegando hábilmente** en sus míticos caballitos es un **espectáculo** turístico.

Los **curtidos** hombres regresan del mar antes del **mediodía** con sus **canastillas repletas** de **pescados** cuando la **pesca** es buena. Luego, las embarcaciones **son puestas de pie** en la arena como **vigilantes mirando hacia** el mar.

Lamentablemente esta actividad **parece extinguirse** por el **escaso** interés de las nuevas generaciones. Muchos de los **hijos** de los *huanchaqueros* viajan a Lima a **buscar** un futuro mejor. El **desaliento** también **tiene que ver** con la poca pesca **debido a** la actual presencia de **barcos arrastreros** que **arrasan** con todo los peces que **encuentran a su paso**. La dificultad por encontrar los totorales hoy día por la **acelerada** urbanización de Huanchaco también **está actuando en contra** para que, **en un futuro próximo**, esta **milenaria actividad pesquera pueda quedar sólo en recuerdo**.

prensan/prensar: pressionam/pressionar
carriozos: juncos
tejiendo/tejer: tecendo/tecer
popa: popa
finalizar: finalizar
fina: fina
proa: proa
arqueada: arqueada
en punta: na ponta
continúa llevándose a cabo: continua sendo realizado
siglos: séculos
muy de madrugada: muito de madrugada (muito cedo ou muito tarde)
caballeros: cavaleiros
corceles: corcéis
en busca: à procura
jurel: cavala (tipo de peixe)
chita, corvina: corvina
navegando/navegar: navegando/navegar
hábilmente: habilmente
espectáculo: espetáculo
curtidos: curtidos, calejados
mediodía: meio-dia
canastillas: cestinhas
repletas: repletas
pescados: peixes
pesca: pesca
son puestas de pie: são colocadas em pé
vigilantes: vigias
mirando/mirar: olhando/olhar
hacia: na direção de
lamentablemente: lamentavelmente
parece/parecer: parece/parecer
extinguirse: extinguir-se
escaso: escasso
hijos: filhos
buscar: procurar
desaliento: desânimo
tiene que ver: tem a ver
debido a: devido a
barcos arrastreros: barco usado na pesca com arrastão
arrasan/arrasar: devastam/devastar
encuentran/encontrar: encontram/ encontrar
a su paso: em seu caminho
acelerada: acelerada
está actuando/actuar: está agindo/agir
en contra: contra
en un futuro próximo: num futuro próximo
milenaria: milenária
actividad pesquera: atividade pesqueira
pueda quedar sólo em recuerdo: possa ficar só na lembrança

último: última
volví/volver: voltei/voltar
querer: querer
traerme: trazer comigo
valija: mala
llena de: cheia de
alebrijes: artesanatos mexicanos
lindos: lindos
parecen salidos de: parecem ter saído de
cuento fantástico: história, conto fantástico
aunque: ainda que
pueden encontrarse/encontrar: possam ser encontrados/encontrar
casi todo el país: quase todo o país
madera: madeira
cartón: papelão
papel maché: papel machê
criaturas: criaturas
suelen mezclarse: costumam misturar
ejemplares: exemplares
tortugas: tartarugas
mariposas: borboletas
sapos: sapos
elaborados/elaborar: criados/criar
manos mágicas: mãos mágicas
vivos: vivas
llamativos: chamativas
leyendas: lendas
se disputan/disputar: disputam/disputar
dicen/decir: dizem/dizer
salen/salir: saem/sair
árboles: árvores
cuevas: covas
nubes: nuvens
sostienen/sostener: sustentam/sustentar
derivan/derivar: são derivados/derivar
enfermo/enfermar: adoentou-se/adoentar
extraña: estranha
afección: afecção, doença
lo dejó inconsciente: que o deixou inconsciente
cama: cama

Los alebrijes, artesanía mexicana
MÉXICO

En mi **último** viaje a México, **volví** a entusiasmarme y a **querer traerme** la **valija llena de alebrijes**. ¡Es que son tan **lindos** y tan coloridos que **parecen salidos de** un **cuento fantástico**! Los alebrijes son artesanías características de México, especialmente de Oaxaca **aunque pueden encontrarse** en **casi todo el país**. Los hay de **madera**, de **cartón** y de **papel maché**.

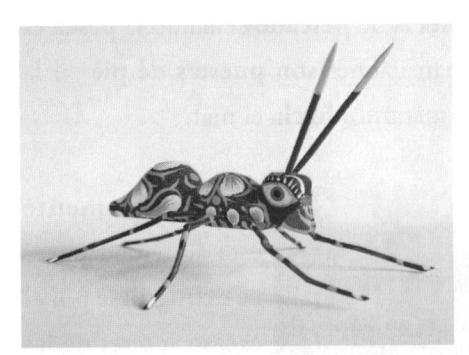

Son figuras de animales o **criaturas** fantásticas. En general **suelen mezclarse** dos o más animales, aunque también existen **ejemplares** de las clásicas **tortugas**, **mariposas**, escorpiones y **sapos**. Parecen **elaborados** por **manos mágicas**, con colores muy **vivos** y **llamativos** y formas que impactan por la perfección de su manufactura.

Existen varias **leyendas** que **se disputan** su invención y origen. Algunos **dicen** que son demonios que **salen** de los **árboles**, de las **cuevas**, ríos y **nubes**. Otros **sostienen** que **derivan** de las máscaras de animales características de Oaxaca. Pero la leyenda que tiene más adeptos los relaciona con Pedro Linares, un hombre de la ciudad de México, que a los 30 años **enfermó** de una **extraña afección** que **lo dejó inconsciente** en la **cama** durante varios días.

En su agonía **soñaba con** un bosque extraño donde había animales desconocidos y fantásticos: **burros con alas** de mariposa, **gallos** con **cuernos de toro**, leones con **cabezas de águila** y perros con **patas de araña,** entre otros. Un **ruido ensordecedor gritaba** el nombre de "alebrijes" y él en su esfuerzo por **salir de aquella pesadilla despertó** de la enfermedad. Cuando **se repuso** totalmente y recordó su sueño, **quiso** que su familia y todas las personas conocieran a estos animales que lo habían **salvado. Valiéndose de** sus habilidades como **cartonero, moldeó** esas extrañas criaturas que tanto **admiraba.**

Hoy en día, los alebrijes **no sólo** forman parte de la cultura popular mexicana **sino también** del arte contemporáneo con **reconocimiento** internacional.

soñaba com/soñar: sonhava com/sonhar
burros con alas: burros com asas
gallos: galos
cuernos de toro: chifres de touro
cabezas de águila: cabeças de águia
patas de araña: patas de aranha
ruido ensordecedor: barulho ensurdecedor
gritaba/gritar: gritava/gritar
salir de aquella: sair daquele
pesadilla: pesadelo
despertó/despertar: acordou/acordar
se repuso/reponerse: recuperou-se/recuperar-se
quiso/querer: quis/querer
salvado/salvar: salvado/salvar
valiéndose de: aproveitando-se de
cartonero: cartonador
moldeó/moldear: moldou/moldar
admiraba/admirar: admirava/admirar
hoy em día: atualmente
no sólo... sino también: não apenas... como também
reconocimiento: reconhecimento

NOTA CULTURAL

Para comunicar-se bem com pessoas de outros países, você deve aprender a falar bem, não é mesmo? Só que falar não é tudo, seus gestos e outras ações não verbais também são importantes. Os Estados Unidos e o México são relativamente diferentes em suas características não verbais por causa de suas diferenças históricas e culturais. O México tem uma cultura de muito contato, as pessoas tendem a ficar próximas, tocarem-se frequentemente, e manter um bom contato visual. No México, quando se cumprimenta alguém pela primeira vez normalmente é usado o aperto de mão. Amigos de longa data talvez se abracem, o que é chamado de *abrazo*, as mulheres geralmente dão um beijo na bochecha em vez de abraçarem-se. No México, quando as pessoas se encontram, o contato visual é importante, caso contrário pode indicar aborrecimento ou desinteresse. Alguns gestos na América do Norte significam coisas diferentes no México, onde colocar as mãos nos bolsos é considerado indelicadeza, indica que você está guardando um segredo ou escondendo algo da pessoa com quem está falando; ficar com as mãos nos quadris é considerado um gesto de provocação e hostilidade para um mexicano. Entender até mesmo alguns gestos-chaves das culturas diferentes pode torná-lo um melhor comunicador. Então, em sua próxima viagem, seja culturalmente sensível. Descubra os gestos locais e deixe seu corpo falar.

mojijto: coquetel de rum, açúcar, suco de limão, soda e hortelá

pertenencia: posse

vestimentas: vestuário

trajes típicos: trajes típicos

sobresale/sobresalir: sobressai-se/ sobressair

distinguidos: distintos

la lleva/llevar: a usa/usar

derrocha/derrochar: esbanja

gracia: graça

andar: andar

atrae/atraer: atrai/atrair

miradas: olhares

se topa/toparse: aparece/aparecer

camino: caminho

si bien: embora

país: país

existen/existir: existem/existir

principalmente: principalmente

tipos: tipos

vestir de diário: vestimenta diária

encajes: renda

gala: gala

se usa/usar: é usada/usar

festejos: comemorações

motivos: causas, motivos

elaborada: elaborada

acompañando: acompanhando

según: conforme

ancha: larga

confeccionada: confeccionada

tela: tecido

algodón: algodão

suele: é muitas vezes usada

ambas: ambas

blusas: blusas

pegada: colada

suelta: solta, frouxa

La pollera panameña
PANAMA

La pollera es a Panamá, lo que el **mojito** es a Cuba, el tango a la Argentina, o el carnaval a Brasil: un orgullo, un símbolo de nacionalidad, identidad y **pertenencia**. Entre las **vestimentas** y **trajes típicos** del mundo, la pollera panameña **sobresale** como uno de los más espectaculares y **distinguidos**. La mujer que **la lleva derrocha gracia** en sus movimientos, elegancia en su **andar** y **atrae** las **miradas** de todo aquel con quien **se topa** en su **camino**.

Si bien hay variaciones en todas las regiones del **país**, existen principalmente dos **tipos** de polleras: la pollera montuna, que es la de **vestir de diario** o de trabajo; y la pollera de **encajes** o de **gala**, que es la que **se usa** para **festejos** o **motivos** importantes y que es una versión más **elaborada** de este vestido nacional. **Acompañando** a la pollera y, **según** el caso, las mujeres completan la vestimenta con diferentes accesorios.

La pollera montuna, **ancha** y **confeccionada** con **tela** calicó (de **algodón**), **suele usarse** con basquiñas o chambras: **ambas** son **blusas**, **pegada** al cuerpo la primera, y más **suelta** la segunda, que pueden ser blancas o de color.

Este **conjunto puede terminarse** con el **cabello** con **trenzas** y flores naturales, con un **sombrero de paja** o con **peinetas doradas** y algunos tembleques (flores **hechas a mano** que pueden ser de diferentes materiales, desde un **fino alambre enroscado** hasta **escamas** de **pescado** y **seda**).

La pollera de encajes, la más **lujosa** y delicada, ancha y con dos o tres divisiones, está muy decorada con **lanas** y **cintas**. Se usa con una blusa **amplia** de **lino** y también está confeccionada con **bordados** y encajes. Para vestir sus cabellos, las mujeres **lucen** este traje con peinetas importantes que pueden ser de **oro** y tembleques (generalmente blancos), en el resto de la cabeza.

Este **vestido de gala se adorna** con gran cantidad de **joyas**: **cadenas, aros, pulseras, anillos** y **hebillas** son sólo algunas de ellas, que pueden ser de oro, perlas o **piedras preciosas**. Los **zapatos se llaman** chapines y pueden ser de **satén** o **terciopelo**, en general, muy **planos** y con una hebilla de oro, encajes y cintas.

Históricamente no hay muchos **archivos**, ni **detalles** exactos que **revelen** el origen de la pollera panameña, **aunque** algunos **reconocen** sus **raíces** en España.

conjunto: vestuário
puede terminarse/terminar: pode ser terminado/terminar
cabello: cabelo
trenzas: trançado
sombrero de paja: chapéu de palha
peinetas: pentes
doradas: dourados
hechas a mano: feitas a mão
fino: fino
alambre: fio, arame
enroscado: enroscado
escamas: escamas
pescado: peixe
seda: seda
lujosa: luxuosa
lanas: lãs
cintas: fitas
amplia: larga
lino: linho
bordados: bordados
lucen/lucir: usam/usar
oro: ouro
vestido de gala: vestido de gala
se adorna/adornar: é adornado/adornar
joyas: joias
cadenas: correntes
aros: brincos
pulseras: pulseiras
anillos: anéis
hebillas: fivelas
piedras preciosas: pedras preciosas
zapatos: sapatos
se llaman/llamarse: são chamados/chamar
satén: cetim
terciopelo: veludo
planos: baixos, sem salto
archivos: arquivos
detalles: detalhes
revelen/revelar: revelem/revelar
aunque: ainda que
raíces: raízes
reconocen/reconocer: reconheçam/reconhecer

se lo conoce/conocer: conhecido/conhecer
ya que: já que
libertad: liberdade
valentía: coragem
más allá: além
pintura: pintura
personaje: personagem
constituye/constituir: constitui/constituir
si nos acercamos/acercarse: se nos aproximamos/aproximar-se
hombre de campo: homem do campo
principalmente: principalmente
arreando/arrear: arrebanhando/arrebanhar
ganado: gado
estereotípica: característica
está acompañado/estar acompañado: está acompanhado/acompanhar
caballo: cavalo
se asocian/asociarse: são associadas/associar
modo de vida: estilo de vida
en la actualidad: atualmente
sigue siendo: continua sendo/ser
realiza/realizar: realiza/realizar
contaba/contar: contava/contar
facón: facão
arma: arma
herramienta: ferramenta
cuchillo: faca
llevan/llevar: carregam/carregar
espalda: costas
colgando/colgar: pendurada/pendurar
cinturón: cinto
cuerear: tirar a pele
vacas: vacas
piedras: pedras
redondeadas: arredondadas
cuerda: corda
hecha/hacer: feita/fazer
cuero: couro
trenzado: trançado
hendidura: fenda
recorre/recorrer: atravessa/atravessar
permite/permitir: permite/permitir
atar: atar
de forma que: de forma que
aseguradas: seguras
no se escapen/escaparse: não se soltem/soltar
utilizaban/utilizar: usavam/usar
atrapar: capturar
cimarrón: indomado
cazar: caçar
ñandúes: ema, nhandu, avestruz

El gaucho, habitante del campo

URUGUAY

Se lo conoce como *cowboy* en Norteamérica, como llanero en Venezuela y como gaucho en la pampa argentina y en el Uruguay. Es, simplemente, el habitante típico de las zonas rurales en el continente americano. En Uruguay, el gaucho es una figura importante del folclore nacional **ya que** simboliza la **libertad** y la individualidad. Las representaciones poéticas del gaucho lo describen como el ideal de **valentía** e independencia. Pero **más allá** de cómo lo presenten la música, la literatura, y la **pintura**, este **personaje constituye** un símbolo importante dentro de la cultura uruguaya.

Si nos acercamos a la realidad, el gaucho es el **hombre de campo** que trabaja **principalmente arreando ganado**. En su imagen **estereotípica**, siempre **está acompañado** de un **caballo** que, además de servirle de transporte, es una de las pocas posesiones materiales que **se asocian** con el **modo de vida** gauchesco. **En la actualidad**, el caballo **sigue siendo** una pieza fundamental de las actividades que el gaucho **realiza** en el campo.

Tradicionalmente, el gaucho **contaba** también entre sus posesiones con el **facón** y las boleadoras, que le servían como **arma** y como **herramienta** de trabajo. El facón es un **cuchillo** largo que los gauchos **llevan** en la **espalda**, **colgando** del **cinturón**, para múltiples usos, ya sea para defensa personal, para comer, o para **cuerear** las **vacas**. Hoy en día siguen usándolo, principalmente, a la hora de trabajar. Las boleadoras son dos **piedras redondeadas** unidas por una **cuerda hecha** con **cuero trenzado**.

Una **hendidura** que **recorre** el exterior de las piedras **permite atar** la cuerda **de forma que** las piedras estén bien **aseguradas** y **no se escapen**. Los gauchos las **utilizaban** para **atrapar** al ganado **cimarrón** o salvaje y para **cazar ñandúes**. Actualmente las boleadoras ya no se usan porque el ganado es doméstico con lo cual este instrumento resulta innecesario.

El gaucho sigue siendo fácilmente **distinguible** por sus **vestimentas**. Usa bombachas o chiripá (un **pantalón de pierna ancha ajustado** a la **cintura** con una **faja** o **cinto**) que puede ser de **tela** o cuero con decoraciones en **plata** u otros metales. El **atuendo** se complementa con una **camisa** y **pañuelo al cuello**. Lleva también un **sombrero de ala ancha sujetado** al **mentón** con una **cinta** que le permite **cabalgar sin temor** a **perderlo**. El **abrigo** tradicional es el poncho, que resulta ideal para **mantener** el **calor** en las **madrugadas** frías en las que sale a cabalgar. En los pies usa **botas** de cuero, también **pensadas** para las **cabalgatas**, ya que debe **proteger** los pies y **piernas** del continuo **roce** con los **estribos**. Cuando no está encima de su caballo, el gaucho **puede verse** usando **alpargatas**, un tipo de calzado **llegado** de Europa.

En Montevideo, un museo **rinde homenaje** a la figura del gaucho. Allí se pueden **apreciar** representaciones tradicionales de este personaje durante sus **horas de ocio**, ya sea jugando a la taba (un juego típico del campo), tomando mate, o **fumando** un **cigarro armado** por él mismo.

En Tacuarembó, uno de los departamentos norteños del país se conmemoran las **costumbres** gauchescas con la Fiesta de la Patria Gaucha en el mes de febrero o de marzo. Durante su celebración, a la que muchos de sus **asistentes concurren a caballo**, se realizan actividades tradicionalmente asociadas con las **tareas** del campo. Está presente la música folclórica con sus guitarras, así como el **asado con cuero**, y varias **pruebas de destreza** como las **jineteadas**, las domas y las cabalgatas. Este tipo de fiestas contribuye a **fomentar** la identidad nacional uruguaya, dentro de la que el gaucho conserva, aún hoy, un lugar **destacado**.

distinguible: distinguível
vestimentas: vestimentas
pantalón: calça
de pierna ancha: larga na perna
ajustado: ajustada
cintura: cintura
faja: faixa
cinto: cinto
tela: tecido
plata: prata
atuendo: traje
camisa: camisa
pañuelo: lenço
al cuello: no pescoço
sombrero de ala ancha: chapéu de aba larga
sujetado: amarrado
mentón: queixo
cinta: tira, fita
cabalgar: cavalgar
sin temor: sem medo
perderlo/perder: perdê-lo/perder
abrigo: agasalho
mantener: manter
calor: calor
madrugadas: madrugadas
botas: botas
pensadas: idealizadas
cabalgatas: cavalgadas
proteger: proteger
piernas: pernas
roce: atrito
estribos: estribos
puede verse: pode ser visto
alpargatas: alpercatas, alparcas
llegado/llegar: trazido/trazer
rinde homenaje/rendir homenaje: homenageia/homenagear
apreciar: apreciar
horas de ocio: horas vagas
fumando/fumar: fumando/fumar
cigarro: cigarro
armado/armar: enrolado/enrolar
costumbres: costumes
asistentes: público
concurren/concurrir: comparecem/comparecer
a caballo: a cavalo
tareas: tarefas
asado con cuero: churrasco de couro
pruebas de destreza: testes de habilidades
jineteadas: gineteadas (andar em cavalo arisco, xucro ou mal domado)
fomentar: promover
destacado: destacado

La carretanagua
NICARAGUA

Nicaragua es un país **muy arraigado** a tradiciones ancestrales, las cuales están presentes en **casi todas** sus costumbres y cultura. Muchas de estas tradiciones **encierran profundas creencias** en **personajes fantasmagóricos** o **brujas**, como La Mocuana, La Llorona y La Cegua. Pero **quizás** el **más conocido** y **temido** es el fantasma de La Carretanagua: una **desvencijada carreta tirada por flaquísimos** y **viejos bueyes** y **conducida** por La Muerte misma. La "Muerte Quirina", un terrorífico **esqueleto envuelto** en un **sudario** de **sábanas blancas, cargando** su **guadaña amenazadora** y **rodeada de calaveras**.

Algunos **aseguran** haber **padecido** una horrible **fiebre** luego de haberla visto, otros el haber perdido el habla por varios días. Dicen que **recorre** las **calles oscuras**, alrededor de la una de la **madrugada**, haciendo mucho **ruido** a su paso ya que **se trata de** una **carreta vieja** y **destartalada**. Los que la **oyen** pasar temen **asomarse** por las ventanas y **encontrarla** es que según la superstición, el día siguiente de haberla visto, está marcado con la muerte de alguno de los de su pueblo. La misteriosa carreta **se mueve** muy rápido y al llegar a las **esquinas desaparece, reapareciendo** sobre otra calle atemorizando a animales y creando **desasosiego** y **mucho miedo** entre la gente.

La Carretanagua (o Carreta Nagua) es un símbolo muy fuerte en la mitología y folklore nicaragüense, en la que **se amalgama** un **pasado doloroso** y una imaginación creativa y supersticiosa. Con ella **se recuerda** a las persecuciones y torturas que sufrían los indios a manos de los conquistadores. Dicen que en los tiempos de la colonia, en el Siglo XVI, los españoles llegaban a medianoche en carretas **buscando** oro y **riquezas** y **sacando** a los indios de sus **caseríos**; se los llevaban como esclavos **encadenados** a sus carretas. El mito de la Carretanagua **parece** haber nacido también de la necesidad de los nicaragüenses de **darle** forma material y concreta a un fenómeno tan incontrolable como la muerte.

El rodeo y los "huasos"

CHILE

"¡¡Arre!!" Entre todas las fiestas y **juegos** tradicionales, el rodeo es uno de los más **emocionantes**, **alegres** y **coloridos** de Chile. **Se originó** hace muchos años como consecuencia del **duro trabajo** de los **campesinos** y su necesidad de **ordenar** el **ganado**. Cada **primavera** los animales son **traídos** desde los **cerros**, donde pasan el **invierno**. Este trabajo debe ser realizado por los hombres más **fuertes** y **hábiles** en el **manejo del caballo** y del **lazo**: los huasos. Viven principalmente en valles fértiles o en **granjas** con tierras cultivadas y su **tarea** es **conducir** a los animales **bordeando** precipicios, cruzando ríos, **bajando y subiendo pendientes** hasta llegar al corral. En esta **travesía** muchos **vacunos se espantan** y **descarrían** por lo que los huasos tienen que correr **velozmente** tras ellos, **atajarlos** con sus lazos y **unirlos** otra vez al grupo.

Cada año se celebra en Chile el Campeonato Nacional de Rodeo. Este juego ha **ganado** mucha fama (algunas rivalidades) ya que aquí se **pone a prueba** la capacidad, **fortaleza física** y **destreza** de estos *cowboys* chilenos, que se caracterizan por su **orgullo**, **seguridad** y **picardía**. El colorido de sus **vestimentas** y la de sus caballos reflejan el espíritu de tradición: sombreros, pantalones generalmente **rayados**, **botas de cuero**, **espuelas adornadas** y **mantas** o ponchos de colores vistosos. El rodeo consiste básicamente en imitar el trabajo de estos campesinos: atajar y controlar al ganado. Los **jinetes** corren de a pares. El **novillo** que va a ser corrido se lleva a una **pista circular** con **portones** que permiten su entrada y salida. Para comenzar, un arreador con grito **estridente** provoca la **carrera** del animal que busca la salida del corral. Entonces, los huasos deben tratar de alcanzarlo y detenerlo en un punto determinado, **señalado** con una **bandera**. Con espíritu deportivo, el **fallo del jurado** es riguroso y estricto. Este paisaje de fiesta se completa con la música, los bailes tradicionales y **por supuesto**, con una gastronomía especial típica del lugar.

juegos: jogos
emocionantes: emocionantes
alegres: alegres
coloridos: coloridos
se originó/originar: originou-se/originar
duro trabajo: árduo trabalho
campesinos: camponeses
ordenar: arrumar
ganado: gado
primavera: primavera
traídos/traer: trazidos/trazer
cerros: colinas
invierno: inverno
fuertes: fortes
hábiles: hábeis
manejo del caballo/manejar: manejo do cavalo/manejar
lazo: laço
granjas: granjas, fazendas
tarea: tarefa
conducir: conduzir
bordeando/bordear: bordejando/bordejar
bajando y subiendo: descendo e subindo
pendientes: declives
travesía: travessia
vacunos: bovinos, gado
se espantan/espantar: assustam-se/assustar-se
descarrían/descarriar: descarrilam/descarrilar
velozmente: velozmente, muito rápido
atajarlos/atajar: interceptá-los/interceptar
unirlos/unir: juntá-los/juntar
ganado/ganar: ganhou/ganhar
pone a prueba: põe à prova
fortaleza física: força física
destreza: habilidade
orgullo: orgulho
seguridad: segurança
picardía: manha, malícia
vestimentas: vestimentas
rayados: listradas
botas de cuero: botas de couro
espuelas adornadas: esporas adornadas
mantas: mantas
jinetes: cavaleiros
novillo: bezerro
pista circular: arena circular
portones: portões
estridente: estridente
carrera: corrida
señalado/señalar: marcado/marcar
bandera: bandeira
fallo del jurado: sentença do júri
por supuesto: sem dúvida; certamente

Examina tu comprensión

Los vejigantes, página 4

1. Qual é o país de origem das pessoas da cidade de Loiza?

2. Qual é o grupo cujas misturas são representadas no festival do dia 25 de julho?

3. Os Vejigantes são feitos com quais materiais?

De tapeo, página 6

1. Além da comida, o que mais está envolvido com e qual é a parte mais importante da tradição do tapeo?

2. A lenda da tapa ocorre em qual província?

3. Quando aconteceu a tempestade de areia, qual foi a grande ideia do garçom?

4. Descreva ou liste os diferentes tipos de tapas.

La siesta en Argentina, página 8

1. Qual é a origêm da palavra siesta?

2. A siesta é um tempo não apenas para dormir, mas para fazer mais o quê?

3. Quais são alguns dos benefícios à saúde gerados pela siesta?

4. Qual é o tempo de siesta recomendado pelos especialistas?

Pescando con "caballos", página 10

1. Como o pescador em Huanchaco mantém a tradição pré-inca de seus ancestrais?

2. Esse antigo barco de pesca foi usado por quantos anos?

3. Quais são as três coisas que estão colocando em risco de extinção esse valioso costume?

Teste sua compreensão

Los alebrijes, página 12

1. Quais são os materiais usados nos alebrijes?

2. Quais são os tipos de figuras representadas pelos alebrijes?

3. Há várias lendas sobre a origem dos alebrijes. Qual é a lenda mais seguida? Descreva-a com suas próprias palavras.

La pollera, página 14

1. Quais são os dois tipos diferentes de polleras e quando são usadas?

2. Quais são os materiais usados para confeccionar as flores no chapéu de palha?

3. Como são chamados os sapatos usados com a pollera e do que são feitos?

4. Qual é a origem da pollera?

El gaucho, página 16

1. O que o "gaucho" simboliza?

2. Do que são feitas as boleadoras e para que servem?

3. Descreva a roupa do gaucho tradicional.

El rodeo y los "huasos", página 19

1. Por que o rodeio começou?

2. Quais são as três coisas postas à prova durante os jogos do rodeio?

Viajar es imprescindible y la sed de viaje,
un síntoma neto de inteligencia.

Enrique Jardiel Poncela

Viaje

El barrio gótico de Barcelona

ESPAÑA

Barcelona es una **ciudad** de **contrastes**. Y **después de** visitar la ciudad moderna, un **paseo** por su Barrio Gótico **nos hace olvidar** los **altos edificios** y el **ruido** de los **coches**. El nombre de esta zona **es debido a** los monumentos góticos que **posee**. Pero es interesante **saber** que este barrio **ocupa lo que** fue, **hace siglos**, una **antigua ciudad romana**. Aquí, podemos visitar la "Plaza Nova", con dos **torres semicirculares** de la antigua **muralla** romana.

Podemos continuar nuestro paseo con una visita a la Catedral. **Su construcción comenzó** en el **siglo XIII**, y su **fachada** es del siglo XIX. **El complejo de la Catedral comprende** tres **palacios medievales**: Cases dels Canonges, Casa del Degà y Casa de l'Ardiaca. **Desde allí**, tenemos un bonito **recorrido**: después del Cloister, un **agradable paseo cubierto, llegaremos** al **Puente de los Suspiros** y a la Plaza de San Jaume. **A continuación, veremos**, en esta plaza, dos edificios: el "Palau de la Generalitat" o "**Palacio** de la Generalidad" y el **Ayuntamiento**. La Plaza de San Jaume **está rodeada** de estrechas calles, **ideales** para **pasear**. A continuación, **seguiremos** una **estrecha** calle **llena de tiendas**, para **llegar** a la Plaza del Rey. Esta plaza es **una de las más nobles** de Barcelona. Aquí, podemos visitar el Museo de Historia y también el Mirador del Rei Martí, **para aquellos que quieran ver** una **vista panorámica** del Barrio Gótico.

Y un **consejo**: ¡el **calzado cómodo** es esencial!

Humacao, la perla de Puerto Rico

PUERTO RICO

"**La perla del oriente**" o "La ciudad **gris**" son algunos de los nombres con los que **se conoce** el pueblo de Humacao, Puerto Rico. Esta pequeña **localidad**, **ubicada** en la **costa este** de la isla, **toma su nombre** del indio **taino** que la gobernaba **en tiempos de la conquista española**. Los nativos de este pueblo se denominan **humacaenos**.

Humacao tiene **cerca de** 59.000 habitantes **repartidos por** sus 15 **vecindarios**. Este pueblo es **rico** en **playas hermosas**. Uno de los hoteles más famosos y exclusivos de la isla **se encuentra** allí, el Hotel Palmas del Mar. Humacao también posee museos y un **enorme** observatorio **desde** donde se pueden ver las **galaxias más lejanas**. En Humacao se produce café, **arroz**, tabaco y **aceite de castor** pero su **mayor industria**, evidentemente, es el turismo.

El 8 de diciembre se celebran las **fiestas a la Santa Patrona:** La Inmaculada Concepción de Maria. El **primer fin de semana** de septiembre todos los humacaenos y **visitantes disfrutan** del **Festival de la Pana** durante el que **se organizan** eventos musicales, **deportivos** y culturales, y durante el que **se cocinan** muchas **recetas típicas**. ¿**Hechas** con que? Con **pana**, **por supuesto**. La **próxima vez** que vengan a Puerto Rico, visiten nuestra "perla del oriente".

---

la perla del oriente: a pérola do oriente
gris: cinza
se conoce/conocerse: é conhecida/ conhecer
localidad: localidade
ubicada: localizada
costa este: costa leste
toma su nombre: recebe o nome
taino: nativos da ilha de Porto Rico
en tiempos de la conquista española: na época da conquista espanhola
humacaenos: nativos de Humacao
cerca de: aproximadamente
repartidos por: espalhados por
vecindarios: vizinhança
rico: rico
playas hermosas: praias bonitas
se encuentra/ encontrarse: está localizado/localizar
enorme: enorme
desde: de
galaxias más lejanas: galáxias mais distantes
arroz: arroz
aceite de castor: óleo de rícino
mayor industria: principal indústria
fiestas a la santa patrona: festas da santa padroeira. Cada cidade de Porto Rico tem sua própria santa padroeira e as festas são celebradas cada mês em uma cidade diferente.
primer fin de semana: primeiro fim de semana
visitantes: visitantes
disfrutan/disfrutar: desfrutam/ desfrutar
Festival de la pana: festival da fruta-pão
se organizan/organizar: são organizados/organizar
deportivos: esportivos
se cocinan/cocinar: são cozinhadas/ cozinhar
recetas típicas: receitas típicas
hechas: feitas
pana: fruta-pão – uma fruta tropical de casca verde, e a polpa é doce, como uma batata-doce.
por supuesto: sem dúvida
próxima vez: próxima vez

pasear: passear
calles empedradas: ruas empedradas
placer: prazer
disfrutan/disfrutar: desfrutam/desfrutar
tanto...como: tanto... quanto
lugareños: pessoas locais
cualquier: qualquer
estación: estação
fines de semana: finais de semana
se llena/llenarse: enche-se/encher
cruzan/cruzar: cruzam/cruzar
ropa: roupa
confeccionada: confeccionada
lana: lã
cuero: couro
asimismo: da mesma forma, igualmente
puestos: barraquinhas, tendas
artesanía: artesanato
se ubican/ubicarse: localizadas/localizar
alrededor: ao redor, próximo
posavasos: descanso, suporte
repujado: enfeitado, ornado com relevos
caja: caixa
alfajores: alfajores (doce típico feito de uma pasta de mel e amêndoas)
pendientes: brincos
amatista: ametista
guantes: luvas
gorro: gorro
hechos a mano: feitos a mão
quizás: talvez
incluso: até mesmo
juguetes de madera: brinquedos de madeira
todos los gustos: todos os gostos
compras: compras
lo mejor: o melhor
hacer una parada: fazer uma pausa
aunque: embora
tales como: tais como
caseras: caseiras
carne assada: carne assada
cazuelas: caçarolas
ensopados: ensopados
empanados: empanados
fritos: fritos
postres: sobremesas
elegir: escolher
solicitados: populares, pedidos
caminata: caminhada
almuerzo: almoço
recuperar fuerzas: recuperar as energias
gustan de/gustar de: gostam de/gostar de
están de suerte: estão com sorte
fue fundada/fundar: foi fundada/fundar
ganar: ganhar

Colonia del Sacramento
URUGUAY

Pasear por las **calles empedradas** del barrio viejo de Colonia del Sacramento es un **placer** del que **disfrutan tanto lugareños como** turistas en **cualquier estación** del año.

Los **fines de semana**, Colonia **se llena** de argentinos que **cruzan** en barco desde la cercana Buenos Aires a disfrutar el ritmo tranquilo de sus calles y plazas. Los turistas recorren las tiendas de productos típicos, generalmente **ropa confeccionada** con **lana** o **cuero. Asimismo**, visitan los **puestos** de **artesanía** que **se ubican alrededor** de las plazas, en los que es difícil decidirse: ¿Unos **posavasos** de cuero **repujado** o una **caja** de **alfajores**? ¿Unos **pendientes** en **amatista** o unos **guantes** y **gorro** de lana **hechos a mano? Quizás incluso** unos **juguetes de madera** para los niños, hechos por artesanos locales. Hay para **todos los gustos**.

Después de las **compras** de la mañana, **lo mejor** es **hacer una parada** en alguno de los restaurantes locales. **Aunque** son pequeños preparan deliciosos platos típicos, **tales como** pastas **caseras**, **carne asada**, pescados y otros productos del mar, en **cazuelas** y **ensopados** o **empanados** y **fritos**. Para los **postres**, uno puede **elegir** flan con dulce de leche o ensalada de frutas con helado. Si bien estos dos postres son sólo dos de las opciones disponibles, son también, sin lugar a dudas, los más **solicitados**. Después de la **caminata** y el **almuerzo**, nada mejor que una siesta para **recuperar fuerzas**.

Por la tarde, los que **gustan de** la historia **están de suerte**. Colonia del Sacramento **fue fundada** por los portugueses en 1680 como forma de **ganar** territorio americano a los españoles.

Colonia es, pues, la ciudad más **antigua** del Uruguay **actual** y **ha sido nombrada** como *Patrimonio Histórico de la Humanidad* por la UNESCO gracias a su valor cultural. Como tal, **cuenta con** varios museos. Uno de los mejores es el Museo de **los Azulejos,** que **posee** una hermosa colección de *azulejos* portugueses. Uno de los aspectos más interesantes del museo es el **edificio** en el que **está alojado:** una casa antigua y bien preservada, de **paredes anchísimas** y **puertas** y **techos bajos,** característicos de la **época.**

Colonia tiene también algo que **ofrecer** a los **enamorados.** Muchas parejas de novios eligen celebrar aquí su **boda** por la belleza de su **iglesia principal,** la Iglesia Matriz, la más antigua del país. **Si bien** es pequeña y simple, el **entorno** de las calles empedradas y los siglos de historia que **la rodean le dan un aire especial.** No es raro **toparse,** al **pasar** cerca de la iglesia, con un grupo de **festejantes tirando arroz** a los **novios.** Quienes quieran **pasar** la **luna de miel** en Colonia tienen una buena opción en los hoteles antiguos de la ciudad que, con sus patios internos y sus **fuentes,** sus **portones** de **hierro forjado** y sus **enredaderas, proporcionan** un **ambiente** romántico único.

Al **atardecer,** la opción más popular es ir a comprar unos **bizcochos** en la **panadería** y salir, con el mate **bajo el brazo,** a caminar por el **puerto** en compañía de amigos o familia. Situado sobre el Río de la Plata, el pequeño puerto **alberga botes** y **barcos veleros,** turistas que deciden **llegar por mar** con su propio transporte, o lugareños que disfrutan **saliendo** a **pescar río arriba.** El puerto es también el sitio ideal para ir a pescar y son muchos los que **aprovechan** la oportunidad. Pero tanto para navegantes como para pescadores y turistas, **deleitarse** con la **puesta del sol** sobre el río, entre los barcos, es siempre el **cierre** perfecto para un fin de semana en Colonia de Sacramento.

antigua: antiga
actual: atual
ha sido nombrada/nombrar: foi nomeada/nomear
cuenta con/contar com: conta com
azulejos: azulejos
posee/ poseer: tem/ter
edificio: construção
está alojado: está situado
paredes: paredes
anchísimas: larguíssimas
puertas: portas
techos: tetos
bajos: baixos
época: época
ofrecer: oferecer
enamorados: apaixonados
boda: casamento
iglesia principal: igreja principal
si bien: embora
entorno: ambiente
la rodean/rodear: a cercam/cercar
le dan un aire especial: dão a ela um ar especial
toparse: encontrar
pasar: passar
festejantes: pessoas festejando
tirando/tirar: jogando/jogar
arroz: arroz
novios: noivos
pasar: passar
luna de miel: lua de mel
fuentes: fontes
portones: portões
hierro forjado: ferro forjado
enredaderas: trepadeiras
proporcionan/proporcionar: proporcionam/proporcionar
ambiente: ambiente
atardecer: entardecer
bizcochos: bolos
panadería: padaria
bajo el brazo: debaixo do braço
puerto: porto
alberga/albergar: guarda/guardar
botes: botes
barcos veleros: veleiros, barcos a vela
llegar por mar: chegar pelo mar
saliendo/salir: saindo/sair
pescar: para pescar
río arriba: rio acima
aprovechan/aprovechar: aproveitam/aproveitar
deleitarse: deleitar-se
puesta del sol: pôr do sol
cierre: encerramento

verano: verão

exploto/explotar: explodiu/explodir

calor: calor

días son mucho más largos: dias são
muito mais compridos

calle: rua

minifaldas: minissaias

escotes: decotes

bermudas: bermudas

temporada alta estival: alta temporada
de verão

alegría: alegria

miles de famílias: milhares de famílias

equipaje: bagagem

nunca falta: nunca falta

traje de naño: traje de banho

toalla: toalha

bronceador: bronzeador

listos: prontos

playa: praia

ofrece/ofrecer: oferece/oferecer

opciones: opções

arena: areia

a no más de: a não mais que

principales ciudades balnearias:
principais cidades balneárias

son algunas: são algumas

concurridas: procuradas

mar con temperatura: mar com
temperatura

valientes: corajosos

anchísimas: larguíssimas

no sólo...sino también: não apenas...
como também

para disfrutar: para desfrutar

salidas nocturnas: saídas noturnas

la más grande: a maior

desarrollo: desenvolvimento

caminar: caminhar

rambla: avenida

vera del mar: beira do mar

sentarse a mirar: sentar-se para olhar

destrezas: habilidades

surfistas: surfistas

tirarse: estender-se

lagarto al sol: lagarto ao sol

actividades diurnas: atividades diurnas

Verano en enero y febrero
ARGENTINA

Explotó el **calor**, los **días son mucho más largos** y en la **calle** se ven **minifaldas**, **escotes** y **bermudas**. La **temporada alta estival** en Argentina se vive con **alegría** y con la mirada puesta en el mar. **Miles de famílias** preparan su **equipaje** en el que **nunca falta** el **traje de baño**, la **toalla** y el **bronceador**, **listos** para unas vacaciones en la **playa**.

La provincia de Buenos Aires **ofrece** múltiples **opciones** para los turistas decididos a pasar unos días sobre la **arena**. **A no más de** 400 kilómetros de la capital, se encuentran las **principales ciudades balnearias**. Mar del Plata, Pinamar, Cariló o Villa Gessell **son algunas** de las más **concurridas**.

Con un **mar con temperatura** para **valientes**, pero con playas **anchísimas** y largas, estas ciudades se caracterizan **no sólo** por una costa generosa **para disfrutar** durante el día, **sino también** por una gran diversidad de entretenimiento y **salidas nocturnas**.

Mar del Plata es **la más grande** y la que cuenta con más **desarrollo**. **Caminar** o hacer *footing* por la **rambla** a la **vera del mar**, **sentarse a mirar** las **destrezas** de los **surfistas** o **tirarse** como un **lagarto al sol** son algunas de las **actividades diurnas**.

Por las noches, puede verse a **gente colorada por el sol, probando suerte** en el casino, **haciendo cola para entrar** en alguno de los **espectáculos teatrales** o **disfrutando de un café** en algunas del las **terrazas al aire libre**, siempre y cuando el **viento marino** lo permita. Pinamar y Cariló con un aire más señorial, combinan la playa con el **bosque**, la **arena amarilla** con la **madera oscura** de los **árboles**. Una **mezcla mágica** para quienes buscan **relajarse** y **pasar unos días** al lado del mar **en plena naturaleza**.

Y para los **adolescentes** que quieren divertirse, las playas ventosas pero **menos frías** de Villa Gessell son la mejor opción. **Allí**, durante el día, se pueden realizar todo tipo de actividades y **deportes** playeros, **mientras** que por la noche es el momento de **acudir** a recitales, **espectáculos callejeros** y **discotecas** para **bailar hasta el amanecer**.

gente colorada por el sol: pessoas bronzeadas de sol
probando/probar: tentando/tentar
suerte: sorte
haciendo cola para entrar: fazendo fila para entrar
espectáculos teatrales: espetáculos teatrais
disfrutando de um café/disfrutar: desfrutando de um café/desfrutar
terrazas al aire libre: terraços ao ar livre
viento marino: vento marinho
bosque: floresta
arena amarilla: areia amarela
madera oscura: madeira escura
árboles: árvores
mezcla mágica: mistura mágica
relajarse: relaxar
pasar unos días: passar uns dias
en plena naturaleza: no meio da natureza
adolescentes: adolescentes
menos frías: menos frias
allí: ali
deportes: esportes
mientras: enquanto
acudir: ir a
espectáculos callejeros: espetáculos de rua
discotecas: boates
bailar hasta el amanecer: dançar até o amanhecer

NOTA CULTURAL Cada vez mais, as pessoas percebem que não é necessário estar na faculdade para "estudarem no exterior". Pessoas de todas as idades e classes sociais estão descobrindo os benefícios e o prazer de transformar as férias numa oportunidade para estudar espanhol. Aprender espanhol é mais que aprender a segunda língua mais falada do mundo, ele pode também fazer com que uma viagem comum seja extraordinária ao fazer novos amigos por todo o mundo, enquanto mergulha verdadeiramente em outra cultura. O boom mundial no turismo cultural resultou numa vasta seleção de escolas de idiomas e pacotes turísticos. A companhia que sempre indicamos é a AmeriSpan, eles personalizam cada programa para adequar-se às suas necessidades, têm vários programas de idiomas por todo o mundo, para todas as idades e níveis de espanhol, do iniciante ao avançado. Você pode ler sobre seus programas e aprofundar-se nos comentários sobre os destinos em: www.amerispan.com (em inglês). Boa viagem!

castillos: castelos	

castillos: castelos

islas baleares: ilhas baleares

situado: situado

son conocidas/ser conocido: são conhecidas/conhecer

belleza: beleza

sobre todo: sobretudo

destino: destino

interés: interesse

instalaciones: instalações

para aquellos que buscan sol: para aqueles que procuram sol

diversión: diversão

antiguos: antigos

cuya: cuja

de obligado cumplimiento: obrigatória

comenzando/comenzar: começando/começar

cumbre de la montaña: topo da montanha

mismo nombre: mesmo nome

Sierra: serra

variada: variada

principal ciudad: cidade principal

altitud: altitude

rodeado/rodear: cercado/cercar

bosque de pinos: floresta de pinheiros

castillo gótico: castelo gótico

vista: vista

debido a: devido a

fue construido/construir: foi construído/construir

aquejado: padecendo

quiso/querer: quis/querer

descansar: descansar

entorno: ambiente

sano: saudável

corto periodo: curto período

tiempo: tempo

empleado/emplear: empregado/empregar

como resultado: teve como resultado

estilo arquitectónico: estilo arquitetônico

30 viaje

Mallorca y sus castillos
ESPAÑA

Las **Islas Baleares**, archipiélago **situado** en el Mar Mediterráneo, **son conocidas** por su **belleza** pero, **sobre todo**, por ser un **destino** turístico de **interés** internacional. Sus **instalaciones** hoteleras y sus playas son el primer objetivo **para**

aquellos que buscan sol y **diversión**. Pero en estas islas y, especialmente en Mallorca, existen **antiguos** monumentos y castillos, **cuya** visita es **de obligado cumplimiento**.

Comenzando desde el Castillo de Alaró, situado en la **cumbre de la montaña** que lleva el **mismo nombre**, en la **Sierra** Tramuntana, hasta castillos como el del Rey o el de Santueri, Mallorca tiene una **variada** oferta turística y cultural.

A tres kilómetros de Palma de Mallorca (**principal ciudad** de la isla de Mallorca) y a unos 140 metros de **altitud**, **rodeado** por un **bosque de pinos**, está el **castillo gótico** de Bellver (significa "buena **vista**"), muy peculiar **debido a** su forma totalmente circular. **Fue construido** en el año 1300, aproximadamente. El rey Jaime I, **aquejado** de tuberculosis, **quiso** construir este castillo para **descansar** en un **entorno sano**. El **corto periodo** de **tiempo** **empleado** para la construcción de este castillo (40 años), dio **como resultado** su peculiar **estilo arquitectónico**.

Un gran patio circular forma el centro del castillo, **alrededor del que se encuentran habitaciones** y **salas**. Tiene cuatro **torres**, **la mayor** y con base circular, **se llama** la Torre del **Homenaje**; el resto tienen forma de **herradura**. **De hecho**, este es el **único** castillo de planta circular de toda Europa. **Actualmente**, las **piedras** de este castillo son muy blancas. El motivo de tan peculiar aspecto es que en el **pasado**, **concretamente** en el siglo XIX, **tuvieron que limpiar** la **fachada** del castillo, pues **había sido quemado** como **método de desinfección** para **acabar** con una **plaga de peste**.

Este castillo ha tenido múltiples usos. **En un principio**, fue la residencia de Jaime II de Mallorca, pero **posteriormente fue utilizado** como **refugio** contra la plaga de peste; como **puesto de defensa** contra los ataques del **ejército** turco; como escenario para fiestas y representaciones teatrales, o incluso como **cárcel** hasta el siglo XX. **Pasear** sobre la **ancha** circunferencia de la **parte superior** del castillo y **mirar hacia abajo**, hacia el patio interior, es realmente espectacular.

En el interior del Castillo de Bellver interior se encuentra el Museo de la Ciudad, que **abarca** la historia de esta isla desde la Prehistoria hasta la **Edad Media**. Sin duda, lo que más **vale la pena** es la espectacular panorámica que **nos ofrece**.

Un paraíso en el Caribe
DOMINICAN REPUBLIC

En los últimos años, la República Dominicana **se ha convertido** en uno de los **principales destinos** del Caribe, **tanto** para los turistas **procedentes de** América **como** para los europeos. Y **no es de extrañar**, pues cuenta con su exotismo caribeño, con el carácter **abierto** y **acogedor** de sus **gentes** y con un **entorno** natural de increíble **belleza**.

La isla española, que **pertenece** a las Grandes Antillas, está dividida en dos zonas: la República Dominicana y Haití. La República Dominicana ocupa **dos tercios** de la **superficie** de la isla, la cual está **formada** en un 80 **por ciento** por **montañas**. La montaña más alta es Pico Duarte, con unos 3.170 metros. La geografía de este país es muy diversa: **desde planicies** semidesérticas **a** valles con **bosques tropicales**. **Así**, algunos turistas **prefieren** las playas de **arena dorada** que **se extienden** sobre un tercio de la costa dominicana. Es en esta zona donde **se encuentran** los principales centros turísticos. La provincia de Barahona **incluye** cascadas, montañas y unas extensas playas de agua **cristalina**. **Entre** sus hábitats naturales está el Lago Enriquillo, el más grande de las Antillas.

La Romana fue un gran **puerto azucarero** hasta los años 70. Allí **encontraremos** Casa de Campo, uno de los **balnearios** más famosos del mundo. Y si **queremos** visitar Altos de Chavón, el pueblo de los artistas, **disfrutaremos** de un entorno similar a los pequeños pueblos del Sur de Francia, a la **orilla del río** Chavón.

Para los **amantes** de la costa, Playa Grande pone a su disposición unas 300 hectáreas de vegetación de 1.500 metros de playa. También pueden disfrutar de su campo de golf a **orillas del mar**. Pero no debemos **olvidar** Punta Cana, con sus playas de agua **azulada**, y **muy próxima** a Playa Grande está Bávaro, con sus hoteles, a pocos minutos del aeropuerto de Punta Cana.

Otro tipo de visitantes prefiere visitar el interior, pues **piensan** que aquí pueden encontrar el **verdadero encanto** de la República Dominicana. La isla **está atravesada** por tres impresionantes **cordilleras**, **paralelas** en **sentido** Este-Oeste. Por un lado, está la Cordillera Central, que se extiende desde Haití hasta San Cristóbal, cerca de Santo Domingo. En esta cordillera se encuentra el Pico Duarte. Por otro lado, más al norte, se encuentra la Cordillera Septentrional, que atraviesa el valle de Cibao, donde están las **antiguas minas de oro**. Por último, la Cordillera Oriental se encuentra en el Este y es la más pequeña. Un **dato reconfortante** es que en **la mayoría de** las islas caribeñas no hay **serpientes venenosas** ni insectos **cuya picadura** o **agujón** sean una **amenaza** vital. Si usted planea visitar la República Dominicana, **tenga en cuenta** que, aunque su lengua oficial es el español, en las principales zonas turísticas muchos dominicanos hablan inglés y **alemán**, y **algunos** conocen también el francés y el italiano. Pero si usted decide visitar la zona interior, allí los residentes solamente hablan español, así que es conveniente que usted tenga unos **conocimientos** básicos de este idioma.

Entre los principales atractivos de la República Dominicana destacan su clima subtropical, con una **temperatura media** de 28 **grados centígrados** y sus playas de agua azul turquesa, con palmeras que ofrecen una reconfortante **sombra**. **Además de** su **envidiable entorno natural**, en los últimos años el Departamento de Turismo dominicano **ha incrementado** la **oferta** de nuevas formas de turismo.

Varadero, arenas blancas
CUBA

La **privilegiada ubicación** de Cuba hace que sus **playas** transparentes y **cálidas** sean una atracción para turistas de **todo el mundo** durante los 365 días del año. Varadero, **conocida como** "la playa preferida por su sol", **se encuentra** en Matanzas, provincia cuyas costas **descansan** en el océano Atlántico y el Mar Caribe. En Varadero, el sol **ilumina** la **arena** durante unas 12 horas diarias y la temperatura es de, aproximadamente, 25 **grados centígrados**. **Al oeste**, esta provincia limita con La Habana; al este, con Villa Clara, y al sudeste, con Cienfuegos.

¿Por qué son tan especiales las playas de Varadero? ¿Qué las diferencia de las otras **orillas cubanas**? Sus **fondos marinos**. **Poseen** más de 40 clases de corales, una increíble diversidad de **peces**, **langostas**, **camarones**, **cangrejos**, tortugas y casi un **centenar de moluscos**. En este pequeño **paraíso** cubano, la arena es blanca y **fina** y la costa, de 22 kilómetros de longitud, **despliega** una **paleta de azules** inimaginables en el horizonte. Aunque en Varadero la belleza del Caribe se despliega a cada paso, cada una de sus playas ofrece particularidades que las **distinguen**. Playa Coral **nos ofrece** más de 30 especies de corales, mientras que Cueva de Saturno es una caverna en la que **podemos encontrar estalactitas y estalagmitas**. Las Mandarinas posee una variada **fauna marina** en la que **abundan** los peces coralinos, las **morenas** y los **meros**.

Playa Caribe **nos invita** a la aventura ya que en ella se encuentran los secretos y misterios de un **antiguo barco alemán** que **naufragó** en la costa cubana. Por su parte, Punta Perdiz posee uno de los ecosistemas más diversificados del Mar Caribe y **se ubica** en la popular **Bahía de Cochinos**.

---

privilegiada: privilegiada
ubicación: localização
playas: praias
cálidas: quentes
todo el mundo: todo o mundo
conocida como: conhecida como
se encuentra/encontrarse: está localizada/localizar
descansan/descansar: descansam/descansar
ilumina/iluminar: ilumina/iluminar
arena: areia
grados centígrados: graus centígrados
al oeste: ao oeste
orillas cubanas: margens cubanas
fondos marinos: fundos do mar
poseen/poseer: têm/ter
peces: peixes
langostas: lagostas
camarones: camarões
cangrejos: caranguejos
centenar de moluscos: centena de moluscos
paraíso: paraíso
fina: fina
despliega/desplegar: revela/revelar
paleta de azules: paleta de azuis
distinguen/distinguir: distinguem/distinguir
nos ofrece/ofrecer: oferece-nos/oferecer
podemos encontrar/poder: podemos encontrar/poder
estalactitas y estalagmitas: estalactites e estalagmites
fauna marina: fauna marinha
abundan/abundar: proliferam-se/proliferar
morenas: enguias
meros: garoupas (tipo de peixe)
nos invita/invitar: convida-nos/convidar
antiguo barco alemán: antigo barco alemão
naufragó/naufragar: naufragou/naufragar
se ubica/ubicarse: está localizada/localizar
bahía de cochinos: baía dos porcos

Por último, El Cenote tiene un gran **lago** y **grietas** en las que es posible **sumergirse** hasta 25 metros. Es importante **destacar** que esta playa se encuentra en la Ciénaga de Zapata, uno de los mayores y mejor preservados **humedales** de la región.

Pero Varadero no es sólo sus playas. A aquellos interesados en **tomar contacto** con las **raíces populares** de la región, posiblemente les interesará visitar la Cueva de Ambrosio en la que se encuentran **dibujos rupestres realizados** por aborígenes y, **se supone**, también por esclavos. La Casa de la Cultura Los Corales también **nos permite aproximarnos** a la cultura popular cubana ya que es allí donde los artistas locales **exponen** sus **mejores obras**. Además, los **fines de semana** es posible ver **obras de teatro** y **espectáculos**. **Y si** de **aprender** a bailar **se trata**, este centro cultural ofrece **clases de baile** dictadas por profesores que **brindan** sus servicios a los turistas.

En el Museo Municipal de Varadero la ciudad **guarda viejos secretos**. Allí **se exhiben piezas claves** de la cultura y la historia. La arquitectura del museo **rescata** el **estilo** tradicional de muchas construcciones de la zona **combinando** la textura de la **madera** con colores vibrantes. **Sin lugar a dudas**, Varadero, este pequeño paraíso cubano, nos ofrece la posibilidad de **disfrutar** de unas de las playas **más hermosas** del mundo y de la **riqueza** y **encanto** de la cultura del Caribe.

por último: por último
lago: lago
grietas: gretas, fendas
sumergirse: submergir, mergulhar
destacar: destacar
humedales: pantanais
tomar contacto: entrar em contato
raíces populares: raízes populares
dibujos rupestres: desenhos rupestres
realizados/realizar: feitos/fazer
se supone/suponer: supõe-se/supor
esclavos: escravos
nos permite/permitir: permite-nos/permitir
aproximarnos/aproximarse: aproximar/aproximar
exponen/exponer: expõem/expor
mejores obras: melhores obras
fines de semana: fins de semana
obras de teatro: obras de teatro
espectáculos: espetáculos, shows
y si: e se
aprender: aprender
se trata/tratarse: trata-se/tratar-se
clases de baile: aulas de dança
brindan/brindar: oferecem/oferecer
guarda/guardar: preserva/preservar
viejos secretos: velhos segredos
se exhiben/exhibir: são exibidas/exibir
piezas claves: peças-chave
rescata/rescatar: resgata/resgatar
estilo: estilo
combinando/combinar: combinando/combinar
madera: madeira
sin lugar a dudas: sem sombra de dúvida
disfrutar: desfrutar
más hermosas: mais bonitas
riqueza: riqueza
encanto: encanto, charme

cadena: cadeia
rodeada/rodear: cercada/cercar
parte nórdica: parte nórdica
ha distribuido/distribuir: distribuiu/distribuir
cordilleras: cordilheiras
mundialmente: mundialmente
hacia: em direção a
este: leste
sur: sul
carreteras: estradas
se originan/originar: originam-se/originar-se
cuyo: cujo
se encuentra/encontrar: está localizado/localizar
playas: praias
siendo/ser: sendo/ser
todos los gustos: todos os gostos
específicamente: especificamente
deportes acuáticos: esportes aquáticos
por ejemplo: por exemplo
llena de: fica cheia de
tortugas: tartarugas
escala: escala
no deja/dejar: não deixa/deixar
espacio libre: espaço livre
selva: floresta
estilo amazónico: estilo amazônico
repleta de: repleta de
estilo de vida: estilo de vida
secos: secos
carretas de maderas: carros de boi decorados
perdido/perder: perderam/perder
vigencia: vigência
se destacan/destacar: destacam-se/destacar-se
afamados: famosos
anfitrión: anfitrião
últimas: últimas
ya sea: seja
relajarse: relaxar
amabilidad: amabilidade, cordialidade
disfrutar: desfrutar
única: única
sabor: sabor
todos lados del mundo: todas as partes do mundo

Un paraíso exótico

COSTA RICA

Costa Rica es parte de la gran **cadena** andina Sierra Madre, **rodeada** de volcanes y montañas: en la **parte nórdica** de la región la actividad volcánica **ha distribuido** la zona en **cordilleras**: en el noroeste la Cordillera de Guanacaste; en el sureste, la Cordillera de Tilarán, dominada por el Arenal, uno de los volcanes más activos **mundialmente**; **hacia** el **este**, la Cordillera Central, y hacia el **sur** la Cordillera Salamanca. Todas las **carreteras** y rutas **se originan** en la Meseta Central, el corazón de la nación en **cuyo** centro **se encuentra** San José, la capital de Costa Rica. En esta parte, la temperatura general durante el año es de 23 grados centígrados.

Las **playas** son unas de las atracciones más populares de este país **siendo** predominante la costa del Pacífico. La costa tiene una longitud de más de 1.800 kilómetros y una colección de playas atractivas para **todos los gustos**, y **específicamente** para los **deportes acuáticos** como el surf. En Nancite, **por ejemplo**, la playa se **llena de tortugas** durante meses a una **escala** tan grande que **no deja espacio libre**. En el Atlántico está Tortuguero, una **selva** al **estilo amazónico**, **repleta de** vida animal y flora de abundancia paradisíaca. Al sur del Atlántico están las playas más populares de esta zona, Cahuita y Puerto Viejo, con el aroma caribeño en las comidas, vegetación y **estilo de vida**. Los meses más **secos** en San José son desde diciembre hasta abril.

El símbolo de Costa Rica son las **carretas de maderas** decoradas, que ya han **perdido vigencia** pero **se destacan** en la zona de Sarchí. Cerca de San José en Santa Ana y Escazú se encuentran **afamados** artistas contemporáneos. Costa Rica, país rico en cultura, es también **anfitrión** del Festival Internacional de Música durante las **últimas** semanas de agosto. **Ya sea** para **relajarse** con la **amabilidad** de su gente, **disfrutar** de la vegetación **única** de playas y selva, o experimentar el **sabor** de la cultura de este país centroamericano, Costa Rica es un lugar paradisíaco para turistas llegados de **todos lados del mundo**.

El turismo rural

ESPAÑA

Durante los últimos años, el turismo rural **ha llegado a ser** en España una alternativa al turismo convencional. Pero, ¿Cuál es la **principal** característica del turismo rural? El **entorno**, la **ausencia** de **multitudes**, el relax y la posibilidad de practicar actividades como hacer **rutas en bicicleta**, **colaborar** en las **tareas** de una **granja** o en los **cultivos**, o simplemente hacer **senderismo**.

Hablando de España, **hay dos tipos de alojamientos rurales**: las casas rurales y los hoteles rurales. **En cuanto a** las casas rurales, es posible **alquilar toda la casa**, normalmente **durante un fin de semana como mínimo**, o alquilar una **habitación los días que queramos**. **Tanto** las casas **como** los hoteles rurales son **antiguos edificios reconstruidos**, **viejas casas de pueblo** e **incluso pequeños castillos**.

El **ambiente** de las casas rurales es **amigable**. Normalmente existe la posibilidad de **degustar** la gastronomía típica **de cada lugar**. Muchas casas rurales tienen **piscina**, principalmente en la zona mediterránea y sur de la península.

Hoy en día, **podemos encontrar** mucha información en internet, simplemente **escribiendo** en un **buscador** las palabras "casa rural" o "turismo rural", **debido a** la gran oferta existente.

¡Esta es **una de las mejores formas de olvidar** el **estrés** y el teléfono móvil! Aunque sólo sea durante dos días, **respirar aire puro** y **ver preciosos paisajes nos ayuda, no sólo física, sino mentalmente**.

durante los últimos años: durante os últimos anos
ha llegado a ser: tornou-se
principal: principal
entorno: ambiente
ausencia: ausência
multitudes: multidões
rutas en bicicleta: trilhas de bicicleta
colaborar: ajudar
tareas: tarefas
granja: fazenda
cultivos: cultivos
senderismo: caminhada
hablando de/hablar: falando de/falar
hay dos tipos de alojamientos rurales: há dois tipos de acomodações rurais
en cuanto a: quanto a
alquilar: alugar
toda la casa: a casa toda
durante un fin de semana: durante um fim de semana
como mínimo: no mínimo
habitación: quarto
los días que queramos: por quantos dias quisermos
tanto ...como: tanto... quanto
antiguos edificios: edifícios antigos
reconstruidos: reconstruídos
viejas casas de pueblo: velhas casas de povoado
incluso: até mesmo, inclusive
pequeños castillos: pequenos castelos
ambiente: ambiente, atmosfera
amigable: amigável
degustar: degustar, experimentar
de cada lugar: de cada lugar
piscina: piscina
hoy en día: atualmente
podemos encontrar: podemos encontrar
escribiendo/escribir: escrevendo/escrever
buscador: site de busca
debido a: devido a
una de las mejores formas de olvidar: uma das melhores formas para esquecer
estrés: estresse
respirar aire puro: respirar ar puro
ver preciosos paisajes: ver paisagens maravilhosas
nos ayuda/ayudar: nos ajuda/ajudar
no sólo física(mente), sino mentalmente: não só física, como também mentalmente

San Miguel de Allende
MÉXICO

San Miguel de Allende es una **pequeña ciudad mexicana** situada, por **carretera**, a poco más de una hora del aeropuerto de León, y a unas cuatro horas al norte de la ciudad de México. Su altitud es de 1.908 metros y su **clima** es **moderado**: inviernos **no muy fríos** y veranos que **no alcanzan** temperaturas **extremadamente altas**.

Esta bonita **localidad**, de **atmósfera colonial** y **agradable** temperatura, fue durante los años 70 el lugar ideal para los **jubilados** de Estados Unidos y Canadá. **Hoy en día** San Miguel **acoge** a numerosos **estudiantes** que **visitan** la ciudad para estudiar español y arte. Las **personas jubiladas siguen sintiéndose atraídas** por esta ciudad y, de hecho, hay unos 2.000 **expatriados viviendo** aquí.

Es fácil vivir en San Miguel. Aquí, **podemos encontrar** excelentes **mercados** en los que comprar todo aquello que **deseemos**. Cada martes, un gran **mercadillo al aire libre reúne** a muchos vendedores de los **alrededores**. La ciudad ofrece variadas actividades culturales. En agosto podemos **asistir** al festival de música de cámara y en invierno al festival de jazz, entre otros muchos. **Hay infinidad** de galerías de arte y probablemente las mejores tiendas de artesanía de México, con **piezas artesanales procedentes de cualquier lugar** del país.

En San Miguel **se reúnen** los **mejores aspectos** de la pequeña ciudad **junto con** las **comodidades** de las **grandes urbes**. Sus variados restaurantes, sus mercados, el teatro y sus exposiciones de arte nos **invitan** a **visitarla sin importar** la **época del año** que **elijamos**. ¡Nuestra **estancia** aquí será **inolvidable**!

Tulum, la ciudad sobre el mar
MÉXICO

Hace muchísimos años, los mayas **descubrieron** un **paraíso a orillas de** las **aguas azules y cristalinas** del mar Caribe y allí, sobre un **acantilado** de doce metros de altura sobre el **nivel del mar**, **construyeron** una gran ciudad **amurallada**, una **fortaleza rodeada** por una enorme **pared**. **La llamaron** Tulum, que en su **lengua** quiere decir: **muro**, **cerco**, **muralla**.

Alcanzó su **esplendor alrededor** del año 1200 DC y hasta la llegada de los conquistadores españoles fue un **puerto mercante** próspero y eficiente, **basado** principalmente en el **trueque**. La **gente común vivía** fuera de esta ciudad **sagrada** y sólo algunos privilegiados como **sacerdotes**, matemáticos, **ingenieros** o astrónomos vivían **dentro** de ella ya que **se los consideraba seres superdotados**. Uno de los mayores **legados** de estos **eruditos** fue el Calendario maya.

LA CIUDAD POR DENTRO

Toda la ciudad **se extiende** a lo largo de seis kilómetros sobre la costa. Existen muchas construcciones de las cuales algunas fueron **dedicadas** a la **veneración**, y otras fueron **edificios administrativos** o **lugares de residencia**.

El edificio más importante es llamado el Castillo: **edificado** sobre rocas es el más alto de la ciudad y fue construido durante diferentes **etapas** de la civilización maya. Fue principalmente utilizado para rituales religiosos y, por su **grandeza**, hacía las veces de faro para los **barcos mercantes** que **navegaban** a lo largo de la costa. Otras de las construcciones relevantes son el Templo de los Frescos, el cual tuvo una gran importancia social y religiosa, y el Gran Palacio o Casa de las Columnas, una estructura de tres **niveles** que **contaba** con numerosas **cámaras pequeñas** y fue habitado por los nobles superiores de la sociedad.

Tulum **deslumbra** por su **belleza**, **tamaño**, **fuerza** e historia. Es un lugar para **no perderse**.

Examina tu comprensión

El barrio gótico, página 24

1. O que era o Bairro Gótico há séculos atrás?

2. Como se chama a ponte localizada lá?

3. Qual é o conselho dado no final do artigo?

Colonia del Sacramento, página 26

1. O que pode ser encontrado para comprar ou comer em Colonia del Sacramento?

2. O que você deveria fazer após comprar um *bizcocho*?

Verano en enero y febrero, página 28

1. O que pode ser visto na Argentina conforme o tempo vai aquecendo?

2. Descreva algumas atividades diurnas e noturnas.

3. Qual é a maior e mais desenvolvida cidade?

4. Quais são as duas cidades que criam um lugar mágico para relaxar e por quê?

Mallorca y sus castillos, página 30

1. Por que as Ilhas Baleares são um destino turístico popular? Onde estão localizadas?

2. O que faz do Castelo Bellver tão único e por que ele foi construído?

3. Por que as pedras do castelo agora estão "muito brancas"?

Teste sua compreensão

Un paraíso en el Caribe, página 32

1. Nomeie quatro ambientes geográficos deste país.

2. La Ramona tem um dos mais famosos refúgios. Nomeie o refúgio e descreva suas acomodações.

3. Um confortável aspecto sobre a maioria das ilhas Caribenhas é a falta de algumas criaturas, quais são elas?

Varadero arenas blancas, página 34

1. O que faz as praias de Varadero serem tão especiais?

2. Que famoso espetáculo histórico pode ser visitado em Punta Perdiz?

3. Além da beleza das praias, o que mais você pode desfrutar e descobrir, e onde?

El turismo rural, página 37

1. Qual é a principal atração ou encanto do "turismo rural"?

2. Quais são os dois tipos de acomodações rurais?

3. O que é recomendado como a melhor forma de encontrar informação nesse tipo de viagem para a Espanha?

San Miguel de Allende, página 38

1. Os turistas de qual país são particularmente atraídos para San Miguel de Allende?

2. Os estudantes também vão para San Miguel de Allende para estudar o quê?

Tulum, página 39

1. Apenas algumas pessoas viveram dentro desta cidade amurada. Quem eram e por quê?

Un pueblo sin tradición es un pueblo sin porvenir.

Alberto Lleras Camargo

Tradición

cumplir 15 años: fazer 15 anos

si bien: embora

se convierten/convertirse: tornam-se/
tornar-se

edad: idade

relevancia: importância

festejo: celebração

se da por sentado: com certeza,
pressupõe-se

trajeron/traer: trouxeram/trazer

tomando/tomar: copiando/copiar

adaptándola/adaptar: adaptando-a/
adaptar

llegada: chegada

madurez: maturidade

convirtieron/convertir: converteram/
converter

hoy en día: atualmente

se adentra/adentrarse: entra/entrar

adultez femenina: maturidade feminina

misa de acción de gracias: missa de
ação de graças

agradece/agradecer: agradece/
agradecer

retos: desafios

posteriormente: depois

comparte/compartir: divide/dividir

seres queridos: entes queridos

vestida de gala: vestida de gala

ramo de flores: buquê de flores

anillo: anel

a veces: às vezes

corona: coroa

chambelanes: príncipes

caballeros de honor: cavalheiros de
honra

culmina/culminar: termina/terminar

oración: oração

dones: dons/talento

entrega: entrega

alegría: alegria

regalos: presentes

vals: valsa

esperado/esperar: esperado/esperar

acercarse a: aproximar-se

pista de baile: pista de dança

sigue/seguir: continua/continuar

diversión: diversão

por supuesto: é claro

pastel: bolo

La quinceañera
MÉXICO

Cumplir 15 años es muy importante para las mujeres mexicanas. **Si bien** en otros países la transición de las adolescentes que **se convierten** en mujeres también se celebra a esta **edad**, en México tiene una **relevancia** y un **festejo** particular.

Se da por sentado que fueron los conquistadores españoles los que **trajeron** esta costumbre a México, **tomando** la tradición de la mujer azteca y **adaptándola** al cristianismo. Los aztecas celebraban la **llegada** de las niñas a la **madurez** con una ceremonia religiosa y un banquete. Los conquistadores tomaron la celebración pagana y la **convirtieron** a la Iglesia católica. Así, **hoy en día**, la chica que cumple 15 años **se adentra** en el mundo de la **adultez femenina** con una **misa de acción de gracias**, donde **agradece** y se prepara para los nuevos **retos** por vivir. **Posteriormente**, se celebra una gran fiesta con baile incluido, donde **comparte** su alegría con sus **seres queridos**.

La quinceañera, **vestida de gala** en colores pastel, con **ramo de flores**, **anillo** y **a veces** hasta **corona**, recibe la misa acompañada por familiares, amigos y sobre todo por 14 chicas (representando sus primeros 14 años) y sus **chambelanes** (acompañantes masculinos o **caballeros de honor**). La misa **culmina** con una **oración**, la bendición de los **dones** y la **entrega** del ramo de flores que hace la del cumpleaños a la Virgen María.

Después de la misa, la fiesta es pura **alegría**, baile, comida y **regalos**. Algunas hasta cuentan con la famosa piñata. El momento del **vals** también es **esperado** por todos. La quinceañera baila su primer vals con su padre y luego con todo el que quiera **acercarse a** la **pista de baile**. Así **sigue** la **diversión** y el festejo, entre más bailes y, **por supuesto**, el **pastel**, especialmente preparado para la ocasión.

Chichicastenango

GUATEMALA

Guatemala, **ubicada** en el centro del continente americano, fue, **antes** de la conquista, **núcleo** del Imperio Maya (en **lengua** de los mayas, su nombre quiere decir "tierra de árboles"). Es **precisamente** por esta historia que **se caracteriza** por una gran **diversidad** étnica y cultural. Los grupos principales que hoy la **habitan** son: los indígenas, descendientes de los mayas, subdivididos a su vez en varios grupos que **forman** la familia maya-quiché; y los mestizos y europeos. **Afortunadamente**, estas culturas mantienen todavía sus costumbres celebrando en **casi todos** los pueblos su **propia** fiesta, con bailes y eventos sociales, culturales y deportivos, haciendo de Guatemala un **paraíso** de tradición y color.

Una de las celebraciones más importantes es la que conmemora el pueblo maya-quiché de Chichicastenango en honor a su patrón, Santo Tomás. En la catedral que lleva su nombre y que fue **construida** en 1540, los descendientes de este pueblo **elevan** sus **plegarias** entre **velas**, **pino** y flores, **esparcidas** en el **suelo**, y **queman copal**, un **incienso** típico del país. En la fiesta, que se celebra del 14 al 21 de diciembre, **se llevan a cabo** procesiones y se bailan danzas autóctonas acompañadas por la marimba, un instrumento tradicional y característico de Guatemala. Sin embargo, una de las actividades más curiosas en esta fiesta **gira en torno al** famoso "Palo Volador". En la plaza central, instalan un **palo** o poste muy alto, desde el que varios **jóvenes se lanzan** hacia el suelo, sostenidos por un **lazo** o **soga**, como si **volaran**. ¡Sólo para **valientes**!

Chichicastenango es **conocida**, también, por ser **cuna** de uno de los **legados culturales** más **preciados**: el manuscrito del Popol Vuh, el **libro sagrado** de los maya-quichés. Se dice que este manuscrito, escrito en el siglo XVI por un indígena maya **anónimo**, fue **reescrito** por un religioso de esta localidad **alrededor** del 1700. El Popol Vuh es una **obra literaria única** en la que **se cuenta** la historia y las **leyendas** de los que habitaron, y **aún** habitan, el área de Chichicastenango.

ubicada/ubicar: localizada/localizar
antes: antes
núcleo: núcleo, centro
lengua: língua, idioma
precisamente: precisamente
se caracteriza/caracterizarse: é caracterizada/caracterizar
diversidad: diversidade
habitan/habitar: habitam/habitar
forman/formar: formam/formar
afortunadamente: felizmente
casi todos: quase todos
propia: própria
paraíso: paraíso
construida/construir: construída/construir
elevan/elevar: elevam/elevar
plegarias: preces
velas: velas
pino: pinho
esparcidas/esparcir: espalhadas/espalhar
suelo: solo
queman/quemar: queimam/queimar
copal: incenso típico do país
incienso: incenso
se llevan a cabo: são realizadas
gira en torno al: gira em torno do
palo: poste
jóvenes: jovens
se lanzan/lanzar: pulam/pular
lazo: laço
soga: corda
volaran/volar: voassem/voar
valientes: corajosos
conocida/conocer: conhecida/conhecer
cuna: local de origem
legados culturales: legados, heranças culturais
preciados: estimados
libro sagrado: livro sagrado
anónimo: anônimo
reescrito/reescribir: reescrito/reescrever
alrededor: por volta de
obra literaria única: obra literária única
se cuenta/contar: é contada/contar
leyendas: lendas
aún: ainda

tribu indígena: tribo indígena
noreste: nordeste
veneraban/venerar: veneravam/venerar
la llamaban/llamar: chamavam-na/
chamar
proviene/provenir: origina-se/originar-
se
ofrecían/ofrecer: ofereciam/oferecer
le agradecían/agradecer: agradeciam-
lhe/agradecer
les daba/dar: ela lhes dava/dar
engendraba/engendrar: gerava/gerar
daba vida/dar vida: dava vida/dar vida
sigue/seguir: continua/continuar
andina: andina
año tras año: ano após ano
se le rinde tributo a: homenageiam
naturaleza: natureza
hace germinar: faz germinar
semillas: sementes
madurar: amadurecer
jóvenes: jovens
viejos: idosos
cumplen/cumplir: realizam/realizar
pidiendo/pedir: pedindo/pedir
fecundidad: fertilidade
terrenos: terrenos
felicidad: felicidade
festejo: celebração
ofrendas: oferendas, presentes
demanda/demandar: exige/exigir
mazorcas de maíz: espiga de milho
habas: grãos
hojas de coca: folhas de coca
se junta/juntar: é colocado junto/
colocar junto
alimentar: alimentar
devolverle/devolver: devolver-lhe/
devolver
así: assim, dessa forma
se decoran/decorar: são decoradas/
decorar
globos: bolas
serpentinas: serpentinas
platos: pratos
a base: à base
se degusta/degustar: é experimentada/
experimentar

La Pachamama
ARGENTINA

Los incas, **tribu indígena** de la zona de Perú, Bolivia y **noreste** argentino, **veneraban** a la Madre Tierra. **La llamaban** Pachamama, nombre que **proviene** de "pacha" (universo, mundo, tiempo, lugar) y de "mama" (madre). En su honor **ofrecían** una ceremonia en la que **le agradecían** por todo los que **les daba**. Según ellos, la Pachamama producía, **engendraba** y **daba vida**.

Afortunadamente esta tradición **sigue** celebrándose entre la población **andina**, **año tras año**, cada 1 de agosto. **Se le rinde tributo a** la Madre Tierra, la **naturaleza** que **hace germinar** las semillas y **madurar** los frutos. **Jóvenes**, **viejos** y niños **cumplen** este homenaje **pidiendo** por la **fecundidad** de sus **terrenos** y la **felicidad** en sus vidas.

Para el **festejo** se preparan durante varias semanas, ya que buscar y preparar las **ofrendas demanda** un gran trabajo: **mazorcas de maíz, habas**, chicha (bebida que se prepara a base de harina de maíz), cigarrillos, **hojas de coca**, alcohol, cerveza y vino, todo **se junta** para **alimentar** a la tierra y **devolverle**

así algo de lo que ella da. Las casas **se decoran** con **globos**, **serpentinas** y flores. Se preparan **platos** típicos y el *yerbiao*, una infusión **a base** de hierbas aromáticas, azúcar, yerba, agua y alcohol, que luego **se degusta** entre todos.

Cuando todo está listo se procede a la ceremonia que puede oficiarse en cualquier momento del día. **Se cava** un **pozo** en la tierra, **se colocan brazos** y **sahumerios** en su interior para **sahumarla** y **se tapa** con un poncho o **manta.**

Mientras tanto, la tierra que **se saca** se coloca **a un costado** y allí **se depositan** los **cigarrillos encendidos por cada uno de los presentes**. La tradición dice que **de acuerdo** a cómo la tierra **vaya fumando**, **así será la suerte de cada uno en ese año**.

Una vez sahumada, **se destapa** el pozo y **se da de comer** a la Tierra con las ofrendas preparadas: **se entierran** las hojas de coca, las **bebidas** y las comidas. También se coloca **papel picado** (que simboliza la **alegría**) y **artesanías** hechas con **retazos de lana de oveja** (que simbolizan los **deseos** e intenciones de cada **asistente**). **Luego** se tapa la boca de la tierra, **se deja caer** abundante papel picado y se coloca una **piedra** grande **sobre todo.**

Entonando lindas coplas, todos los presentes se preparan para degustar la comida, la bebida y el *yerbiao* hecho para la ocasión.

cuando todo está listo: quando tudo está pronto
se procede/proceder: é realizada/realizar
se cava/cava: cava-se/cavar
pozo: poço
se colocan/colocar: são colocados/colocar
brazos: braços
sahumerios: defumadores, incensos
sahumarla: defumar
se tapa/tapar: é tampada/tampar
manta: manta, cobertor
mientras tanto: enquanto isso
se saca/sacar: retirada/retirar
a un costado: do lado
se depositan/depositar: são depositados/depositar
cigarillos encendidos: cigarros acesos
por cada uno de los presentes: por cada presente
de acuerdo: de acordo
vaya fumando/fumar: fume/fumar
así será la suerte de cada uno en ese año: assim será a sorte de cada um nesse ano
se destapa/destapar: abre-se/abrir; destampa-se/destampar
se da de comer/dar de comer: alimenta-se/alimentar
se entierran/enterrar: enterram-se/enterrar
bebidas: bebidas
papel picado: papel picado
alegría: alegria
artesanías: artesanatos
retazos de lana de oveja: retalhos de lã de ovelha
deseos: desejos
asistente: pessoa presente
luego: depois
se deja caer: deixa-se cair
piedra: pedra
sobre todo: sobre tudo
entonando/entonar: entoando/entoar
lindas coplas: lindas poesias populares
todos los presentes: todos os presentes
se preparan/prepararse: preparam-se/preparar

El uso de las plantas medicinales
ARGENTINA

En pleno siglo XXI, donde la tecnología, la **ciencia** y la medicina tradicional dan **muestra** de increíbles **avances** con el objetivo de mejorar la **calidad de vida**, una **corriente de volver** a las **fuentes** y a la naturaleza también está en **auge**. Porque, **si bien** los avances tecnológicos y la globalización **trajeron aparejados** enormes **ventajas**, también **separaron** al hombre de su sensibilidad **innata** y del contacto con la naturaleza: cuestiones fundamentales para **entender** y acompañar el **crecimiento** del ser humano y los ciclos de la vida.

Si, como **alguien dijo alguna vez**, la naturaleza es **sabia**, **bastaría imitarla u observarla** más detenidamente para volvernos, también, un poco más eruditos, inteligentes y seguramente más felices. En Argentina, el uso de las plantas medicinales como remedios naturales contra algunas afecciones o como ayuda preventiva para **mantenerse saludable se ha vuelto popular**, y sus enormes ventajas y benéficos efectos **pueden comprobarse** en poco tiempo. En forma de **té** o de **tinturas**, **junto a** cremas y lociones o simplemente con el contacto de ellas, todo es válido a la hora de **curar, calmar o relajar**.

Una **hoja abierta** de aloe vera, por ejemplo, **desinflama** y **cicatriza cualquier quemadura**; un té de **hojas de tilo** calma los nervios y una infusión de valeriana **manda a dormir** al insomnio más **estresado**. A las depresiones leves y la **ansiedad** se puede **hacer frente** con **tisanas de hipérico**, una planta de **hojas amarillas** con pétalos **alargados** en forma de **estrella**; y el aromático té de **menta**, además de ayudar a una buena digestión tiene **propiedades expectorantes** y **carminativas**.

Están **al alcance de la mano**. Y son mucho más económicas, **sanas** y naturales que los medicamentos tradicionales.

Una Navidad en Paraguay
PARAGUAY

En todos los países de Sudamérica, la **llegada** de la Navidad **coincide con** la llegada del **verano** y el tiempo cálido. Por eso, la mayoría de los niños **se preguntan** porqué Papa Noel está **vestido** con un **traje** tan **abrigado** y el **arbolito** está **lleno de nieve**.

Una de las tantas versiones que **circulan sobre** su origen **se basa en** las raíces de la **mitología nórdica**, según la cual existía un **dios** que **vivía** en una **estrella**, tenía una **larga barba blanca** y **cabalgaba** por el **cielo** llevando **regalos**.

En Paraguay, el **festejo** de la navidad no es muy diferente a cómo se celebra en otros países del **Cono Sur,** ya que no sólo **comparten** proximidad sino también un **clima** similar. En Paraguay la **gente** es muy **creyente** de la religión católica. **En casi todos** los **hogares, además de armar** el arbolito, se arma un **pesebre** que **se adorna** con una **flor típica** del lugar: la flor del **cocotero**, cuyo perfume es muy dulce.

En la Nochebuena (24 de diciembre por la noche) las familias van a la Misa del Gallo y luego comparten en la mesa familiar la **cena preparada** con comidas y bebidas típicas: **no pueden faltar** la sopa paraguaya, que se prepara a base de harina de maíz y es más **espesa** que un caldo tradicional, ó el **chipa guasu**, como la sopa paraguaya pero con **maíz fresco** en lugar de **harina**. Todo se acompaña con un **refrescante clericó**: bebida hecha con vino tinto o blanco, frutas de estación, un poco de azúcar y abundante hielo. Los niños visitan los pesebres de las casas **vecinas** del **barrio, cantan villancicos** y en **agradecimiento**, los **dueños** de las casas les dan **golosinas** y refrescos. El 25 al mediodía, esto **se repite** en la mayoría de las casas: las familias, amigos y vecinos comparten **almuerzos** y **estadías juntos**.

la **gritería:** gritaria

viaje de vuelta: viagem de volta

estancia: estada

tuvimos la oportunidad: tivemos oportunidade

disfrutar: desfrutar

mariano: relativo à virgem maria

vida cotidiana: vida cotidiana

está sufriendo/sufrir: está sofrendo/ sofrer

se olvidan/olvidarse: esquecem-se de/ esquecer-se

sufrimiento: sofrimento

se unen/unirse: juntam-se/juntar

van de casa en casa: vão de casa em casa

en punto: em ponto

cohetes: rojões, fogos de artifício

revientan/reventar: estouram/estourar

por unos instantes: por uns momentos

cielo: céu

brilla/brillar: brilha/brilhar

fuegos artificiales: fogos de artifício

se oyen/oír: são ouvidos/ouvir

empieza/empezar: começando/ começar

así: assim

únicamente: unicamente, apenas

nicaragüense: nicaraguense

ningún: nenhum

pólvora: pólvora

anuncia/anunciar: anuncia/anunciar

comienzo: começo

dura/durar: dura/durar

medianoche: meia-noite

incluyen/incluir: incluem/incluir

gritando/gritar: gritando/gritar

se conoce/conocerse: é conhecido/ conhecer

¿quién causa tanta alegría?: Quem causa tanta alegria?

respuesta: resposta

enfrente de: em frente de

erigidos/erigir: erigidos/erigir

inquilinos: inquilinos

La gritería
NICARAGUA

Después de 19 años, decidimos hacer un **viaje de vuelta** a Nicaragua. Durante nuestra **estancia** allá, también **tuvimos la oportunidad** de **disfrutar** de una tradición propia de Nicaragua: la gritería. Este estado centroamericano es un país muy religioso y durante el mes de diciembre se celebra el fervor **mariano** en todos los aspectos de la **vida cotidiana**.

Nicaragua **está sufriendo** severos problemas económicos; sin embargo, el 7 de diciembre todos sus habitantes **se olvidan** de su **sufrimiento** y **se unen** a los diversos grupos que **van de casa en casa**. A las seis **en punto** de la tarde los **cohetes revientan** y, **por unos instantes**, el **cielo** del país **brilla**. Durante las próximas seis horas, los cohetes esporádicos y los **fuegos artificiales se oyen** por todas las calles de las ciudades de Nicaragua. **Empieza así** la gritería.

Esta tradición es **únicamente nicaragüense**. **Ningún** otro país celebra de esta manera la festividad de la Purísima. La **pólvora anuncia** el **comienzo** de la gritería a las seis de la tarde y **dura** hasta la **medianoche**. Los grupos que **incluyen** adultos y niños, van de casa en casa **gritando** lo que **se conoce** como "la gritería": *"¿Quién causa tanta alegría?"* Y la **respuesta** es: *"La concepción de María"*. Todo esto se hace **enfrente de** los altares a la virgen **erigidos** por los **inquilinos** de las casas.

Después los grupos **cantan canciones** a la Virgen María que van **leyendo** de unos **libritos** que se compran por dos o tres **córdobas** cada uno. Los inquilinos **regalan** a los cantantes productos típicos como **matracas**, **indios**, **cañas**, limones, **pitos** y otras **cositas**.

Según la tradición, la gritería tiene su origen en León, pueblo que **se caracteriza** por sus celebraciones religiosas, **siendo** la más **alegre** y **grandiosa** la gritería. El creador de la gritería fue monseñor Giordano Carranza en el año 1857 quien **tenía como propósito** tocar los corazones espirituales del pueblo nicaragüense, a quienes **animaba** a gritar a **la Purísima** y a **construir** altares con sus **propias manos**. **Posteriormente** esta tradición **se trasladó** a Masaya y a Granada para luego **iniciarse** en todos los **barrios** de Monimbó y otras ciudades del país hasta llegar a todos sus **rincones**.

En la casa en donde nosotros estábamos se hicieron hasta 900 regalos, es decir, que allí había más de 900 personas **reunidas**, gritando y cantando **delante del** altar. Yo nunca **había visto tanta** gente **como vi** esa noche. Era realmente un **espectáculo**. Muchos de esos altares fueron elaboradamente construidos y era evidente también que **se gastó** mucho dinero en comida y **chunches** para regalar. **Ni siquiera** la crisis económica que **atraviesa** el país **conseguirá menguar** la fiesta de la gritería.

Gaspar, Melchor y Baltasar
PUERTO RICO

Eran **los tiempos** en que mi **abuelo me llevaba** a **recoger pasto** para los **camellos**. **Íbamos** al patio y yo **ponía** toda la **hierba** en una **caja** grande. Los **nervios no me dejaban** dormir esa noche pero mi abuela **se aseguraba** de que, **sobre todo**, **no saliera** de mi **habitación**.

La noche del 24 de diciembre todos los niños puertorriqueños **esperan** a Santa Claus o al **viejo gordo** como también **le decimos** en la isla. Esta es una tradición adoptada de los Estados Unidos, **aunque** la celebración más importante de Puerto Rico tiene lugar en la **madrugada** del día 6 de enero. La noche del día 5 todos los pequeños salen a recoger hierba fresca que dejan en una caja **debajo** de la **cama** para los camellos que **traen** a los **Tres Reyes Magos** desde tierras **lejanas**. Hierba fresca y agua es lo que **encuentran** los reyes quienes, a cambio de **tanta** demostración de **cariño**, dejan **obsequios** a los niños a lo **largo y ancho** de todo el país.

Días antes pueden **leerse** miles de **cartas escritas** por los más pequeños **pidiendo** su **juguete** favorito, un **deseo** feliz para su familia o simplemente deseando que los reyes visiten su casa. Gaspar, Melchor y Baltasar son los **verdaderos** reyes de nuestra **Navidad boricua**. La historia de los Tres Reyes Magos se **remonta** al **nacimiento** del niño Jesús en un **humilde pesebre** en Belén.

Fueron ellos quienes, **guiados** por la **Estrella de Belén**, llegaron hasta el **recién nacido** para **ofrecerle oro**, mirra e incienso. Desde entonces, cada diciembre muchas personas miran al cielo por la noche buscando la estrella que guió a estos **entrañables personajes**. **Asimismo**, el día 5 de enero el **primer mandatario** del país **abre** las puertas de la Fortaleza y, entre música y comida típica, honra a todos los niños quienes con su inocencia **devuelven** la **esperanza** y **alegría**. Se trata de una fiesta familiar y de pueblo que se extiende hasta el **anochecer**.

En Puerto Rico el periodo navideño **comienza** después de la celebración del **Día de Acción de Gracias** y se extiende hasta la segunda semana de enero cuando nos **deleitamos** con las **octavitas**, los últimos ocho días de fiesta donde aún puede **sentirse** el aire festivo. Yo no escapo a esta tradición. **Lo mismo que hice** de niña lo **hago de adulta**. Todos los años **espero** a los Tres Reyes Magos **junto** a mis hijos con la misma emoción que sentía cuando era pequeña. Nuestras tradiciones **nunca deben morir**.

NOT∆ ᒪULTUR∆L   O Natal é conhecido na Espanha como Nochebuena ou "a Noite Boa". As famílias se reúnem para se alegrar e festejar ao redor dos presépios que estão presentes em quase todas as casas. Uma tradição culinária do Natal é o *turrón*, um doce de amêndoa. Os Três Reis Magos também são reverenciados na Espanha. As crianças deixam seus sapatos nas janelas e os enchem com palha, cenouras e cevada para os cavalos dos Reis Magos. O favorito é *Baltasar*, que monta um burro e é tido como o responsável por levar os presentes. A principal celebração no México é chamada de *las posadas*, que são procissões que reencenam a busca de José e Maria por um lugar para ficar em Belém. Os romeiros viajam de casa em casa pedindo abrigo e são recusados até que finalmente cheguem à casa em que foi montado um altar e uma manjedoura. A flor do feriado, folha-de-sangue, nativa do México, tem uma encantadora lenda que teve origem há alguns séculos num Natal mexicano, quando uma criança pequena que não tinha nenhum presente ao menino Jesus colheu a caminho da igreja alguns ramos que encontrou ao longo da estrada. A lenda diz que os ramos foram colocados no altar e aconteceu um milagre, floresceram brilhantes flores vermelhas, na época foram chamadas Flores de *Noche Buena*; atualmente são chamadas de folha-de-sangue.

7 de julio San Fermín
ESPAÑA

La revolución llega a Pamplona cada 7 de julio. Ese día empiezan las fiestas de **San Fermín, sin duda**, una de las más famosas de España. Durante una semana, el **desenfreno inunda** las calles de la ciudad y **ríos de** vino **corren de boca en boca**, entre bailes y **canciones populares**, que **no dan tregua** al **descanso**. Las imágenes de jóvenes vestidos de blanco con sus **fajas y pañuelos** rojos corriendo delante de **inmensos toros bravos** dan la vuelta al mundo cada año, **mostrando** así una tradición ancestral que **encoge el corazón** de los telespectadores. La **fama** internacional de que **gozan** estas fiestas pamplonesas **debe agradecerse**, **en gran medida**, al escritor norteamericano Ernest Hemingway, quien en su novela *The sun also rises* **ensalzaba** estas celebraciones.

TRADICIÓN ANCESTRAL

No obstante, las fiestas de San Fermín se celebran desde hace más de 400 años. **Cuentan** los historiadores que los **Sanfermines surgieron** de la unión de tres fiestas diferentes: las de carácter religioso en honor al santo y que existen desde la **época de los romanos**, las **ferias comerciales** y las **taurinas**, organizadas **ambas** a partir del siglo XIV. En 1591 nacieron los Sanfermines, que en su primera edición **se prolongaron** durante dos días y **contaron** con **pregón**, actuaciones musicales, **torneo**, teatro y **corrida de toros**. En **años sucesivos**, **mientras las fiestas crecían en días**, **se fueron intercalando** nuevas diversiones como los **fuegos artificiales** y las danzas.

Desde 1941 el **pistoletazo de salida** lo da el **chupinazo**, un **cohete** de gran potencia que **se lanza** el 6 de julio a las 12 del **mediodía** desde el **balcón** del **Ayuntamiento**. En ese momento los pamplonicas **se duchan**, literalmente, con litros y litros de **vino tinto**, bebida también preferida durante toda la semana.

En los bares y los **chiringuitos**, el alcohol se vende **en cantidades industriales** que ayudan a **mantener los ojos abiertos** durante tantos días. Las **sanfermineras**, con **letras mordaces** y divertidas, son escuchadas por todas las **esquinas**.

El encierro

El encierro es el **momento estrella** de las fiestas de San Fermín. Antes de las ocho de la mañana, hora puntual del inicio, las bandas musicales **tocan** por las calles para despertar a los que quieran correr o ver el emocionante espectáculo. Aunque en televisión parecen **interminables**, los encierros son **carreras** muy cortas, de unos tres minutos de duración que se corren a gran velocidad a lo largo de unos 800 metros. Para este **reto** hay que estar preparado. **De hecho**, los auténticos **pamplonicas** que **se plantan delante** de las **bestias entrenan** durante todo el año para ser **capaces** de **aguantar** la velocidad y la resistencia necesarias para estar delante de seis toros, ocho **cabestros** y tres **mansos sueltos** que les persiguen. **Acabada la carrera**, los toros llegan a la plaza para morir en **apasionantes** corridas.

Por desgracia, cada año hay varios **heridos**, e incluso muertos en algunas ocasiones, **como resultado de** las heridas o contusiones que **sufren** durante los encierros. La **falta de sueño** y la **valentía inconsciente** que da el exceso de alcohol son **malos compañeros** para las decenas de jóvenes que se ponen a correr delante del toro por las **estrechas** calles del **casco antiguo** de Pamplona. Los **extranjeros** suelen ser los peor parados posiblemente porque la falta de información y el **desconocimiento** del español les hacen no prestar atención a las indicaciones y **advertencias** que los organizadores **transmiten** a **los asistentes**.

Y así, entre **cabezadas** en parques, plazas y **portales**, **borracheras** y mucha, mucha **juerga transcurren** los sanfermines hasta que el día 14, a las 12 de la **medianoche**, llegan oficialmente a su fin. Es el momento de cantar el **¡Pobre de mí!**, **quitarse** el pañuelo del cuello y **encender velas** en **señal de tristeza**, **no sin antes alegrarse de** que ya falta menos para las fiestas del **año que viene**.

¡Viva el novio! ¡Viva la novia!
ESPAÑA

Hace pocos meses tuve la ocasión de **asistir** la **boda** de mi **sobrina**. Aunque la costumbre española es celebrar la boda en la ciudad de la novia, mi sobrina **decidió casarse** en Burgos, **a pesar de que** ella es de Madrid. ¿Por qué? La **razón** es muy **sencilla**: **sus padres se casaron** en esa **iglesia**. **Además**, es un **escenario** extraordinario, **debido al retablo** del **siglo** XVI. ¡Maravilloso!

Hablando de la celebración, **pocas cosas** han cambiado. En España, es tradición que la novia **llegue tarde** a la iglesia. Pero en esta boda, **tuvimos que esperar**...¡**casi media hora**! Mientras, el novio tiene que esperar, muy nervioso, **hasta que llegue el coche** con la novia y el **padrino** (normalmente el padre de la futura **esposa**).

Durante la celebración, la **misa sigue su curso normal**, **mientras que fuera de** la iglesia, los amigos de los novios **preparan una broma**. En este caso, cuando los novios **salieron** de la iglesia, **encontraron** su coche **lleno de globos**. Esta es una broma muy popular, pero hay bromas más originales, como por ejemplo, **alquilar** un **carro** un **burro**, y **pasear a los novios** por el centro de la ciudad.

¡Viva!: viva!

novio: noivo

novia: noiva

hace pocos meses: há poucos meses

asistir: assistir

boda: casamento

sobrina: sobrinha

decidió casarse: decidiu se casar

a pesar de que: apesar de

razón: motivo

sencilla: simples

sus padres se casaron: seus pais se casaram

iglesia: igreja

además: além de

escenario: cenário

debido al retablo: devido ao retábulo (enfeite do altar)

siglo: século

hablando/hablar: falando/falar

pocas cosas: poucas coisas

llegue tarde: chegue tarde

tuvimos que: tivemos que

esperar: esperar

casi media hora: quase meia hora

hasta que llegue el coche: até que o carro chegue

padrino: padrinho

esposa: esposa

durante: durante

misa: missa

sigue su curso normal: segue seu curso normal

mientras que: enquanto

fuera de: fora de

preparan una broma: preparam uma brincadeira

salieron/salir: saíram/sair

encontraron/encontrar: encontraram/encontrar

lleno de globos: cheio de bolas

alquilar: alugar

carro: carroça, carruagem

burro: burro

pasear a los novios: levar os noivos para passear

Seguidamente, los novios van a **hacer las fotos**, mientras que los **invitados** vamos a "tomar algo", **como se dice usualmente**. "¿Tomar algo"? Sí, Es simplemente ir a algún bar o cafetería cerca de la iglesia y **hacer tiempo hasta la hora de ir** al restaurante para comer o cenar.

En este caso, ya que la boda **se celebró** a las 5:30 de la tarde, todos los invitados **nos encontramos** en el hotel para cenar. Primero, un "lunch", y seguidamente fuimos al **comedor. Concretamente**, este hotel us un **antiguo convento rehabilitado**, y el comedor se encuentra en **el que antes era** el **claustro**. ¡Es **agradable** cenar **rodeado por** columnas con **tantos siglos** de historia!

Y finalmente, después de la cena...¡**fuimos a bailar**! Pero primero tienen que bailar los novios, y **por supuesto**, un **vals**. El baile **suele durar** unas 3 o 4 horas. **Poco a poco**, los invitados **nos iremos, deseando** a los **recién casados** mucha felicidad. ¡Y una preciosa **luna de miel**!

NOTA CULTURAL

É uma antiga tradição espanhola as noivas carregarem flores de laranjeira em seu buquê; o que simboliza a castidade e a pureza, porque a laranjeira é uma árvore que está sempre verde (sempre-viva), o que também representa o amor eterno. Também se diz que, como a laranjeira dá frutos e flores ao mesmo tempo, suas flores representam felicidade e satisfação. Antes de se casar na Espanha, o noivo presenteia a noiva com 13 moedas, o que simboliza seu comprometimento em sustentá-la e um símbolo da partilha mútua. A futura noiva, então, carrega essas moedas em um saquinho para sua cerimônia de casamento. Após a celebração, a noiva joga seu buquê para o ar assim como nos casamentos norte-americanos, além disso, ela deve ter uma cesta de broches de lírios ou orquídeas, que são dados a todas as damas na recepção. Elas os usam de cabeça para baixo enquanto dançam, se o broche cair, essa moça será a próxima a se casar!

Castillos en el aire
ESPAÑA

Hay un lugar en el mundo donde es posible **construir castillos en el aire**. **Se trata de** Cataluña, una región española en la que **desde hace más de dos siglos se levantan** "castells", unas **torres humanas** de más de 15 metros de altura. Esta es una de las tradiciones catalanas más difíciles de explicar **ya que las palabras no suelen hacer justicia** al **espectáculo** y a la emoción que una actuación de "castellers" **suscita en directo**.

Parece ser que esta tradición **dio sus primeros pasos** en Valencia en el siglo XVII, donde una de sus danzas tradicionales **acababa elevando a algunos de sus bailarines**, aunque **ni mucho menos al nivel de** los "castellers". Cuando este baile llegó a las tierras del sur de Cataluña **fue evolucionando hasta convertirse en** auténticas torres humanas.

A ritmo de **tambor** y "**gralla**", **personas de diversas edades y sexos** se levantan **unas sobre de otras** con los **pies en los hombros** del compañero **que está debajo**. Las diferentes notas musicales **que se van tocando indican** a los "castellers" **de la base qué altura lleva la torre**, para que **puedan calcular** con mejor precisión cuánto tiempo más **tendrán que resistir el peso**. **Puede haber** dos, tres, cuatro **y hasta** cinco personas **por piso**, **dependiendo del tipo de "castell" que se levante**, aunque siempre **se corona** con un niño o niña. La **altura máxima que se ha conseguido hasta ahora** es de 10 pisos, unos 15 metros aproximadamente, con un número de personas **que gira entre** 50 y 100. Los "**caps de colla**", **con base a reglas arquitectónicas**, **deciden** la distribución de los "castellers" que **forman** la torre **en función de** su **peso**, **altura**, agilidad y **fuerza**.

Una competición de "castellers", **con varias collas partici-pando**, **puede durar** varias horas, aunque para **levantar** un "castell" no se necesita más de 10 minutos. Unas torres **su-ben**, otras **caen**, unas son más **anchas**, otras más **altas**, pero en todas se produce una unión intergeneracional perfecta entre abuelos, padres, hijos y nietos. **Los mayores** en la base, los más jóvenes en la **cima**, en una **clara metáfora de la vida misma**. **A pesar de** que los "castells" **desafían** la **ley de la gravedad** en cada una de sus **actuaciones**, **no llevan ningún tipo de protección**. **El atuendo** de un "casteller" se compone de unos **pantalones blancos ajustados**, una **faja alrededor del cuerpo** de color negro, una **camisa holgada** del color distintivo de la "colla" y un **pañuelo rojo en la cabeza**. Los **pies están descalzos** para que **se agarren** mejor **sin hacer daño** a los cuerpos de sus compañeros durante la **escalada**.

No es extraño ver caer una de las torres, **como si** de un **castillo de naipes** se tratara. La estructura empieza a tambalearse y la torre **acaba derrumbándose**. La **gran cantidad** de "castellers" que **se concentra** en la base, **a modo** de **tela de araña, hace que sean las propias personas** las que **amortigüen** las posibles **caídas**. La competitividad entre las diferentes "collas" de Cataluña está presente **en cada** "díada castellera" **por ver quién** levanta la torre más alta, **reuniendo** a **cientos** de personas en un **ambiente** incomparable. Quizás los "castells" sean la tradición que mejor define el carácter de los catalanes: **trabajo en equipo, esfuerzo**, la **capacidad de sufrimiento, afán de superación** y **cordura**.

Examina tu comprensión

Chichicastenango, página 45

1. Qual é o santo homenageado na mais importante celebração da Guatemala?

2. Qual é o nome da atividade mais "curiosa" envolvendo um poste durante essa celebração?

3. Chichicastenango é conhecido por qual manuscrito?

La Pachamama, página 46

1. O que significa a palavra pachamama? Qual é o fundamento ou objetivo desse festival?

2. Que tipos de oferendas são preparadas?

3. O final da cerimônia envolve colocar as oferendas no chão. O que essas oferendas simbolizam?

Una Navidad en Paraguay, página 49

1. Qual é a estação do ano em que os países da América do Sul celebram o Natal?

2. Em quase todas as casas é arrumado um lugar do lado de fora para organizar e decorar algo. O quê? Como é decorado?

La gritería, página 50

1. O que sinaliza o começo dessa celebração?

2. O que os nicaraguenses gritam? Qual é a resposta?

Teste sua compreensão

Gaspar, Melchor, Baltasar, página 52

1. O que as crianças porto-riquenhas costumam deixar debaixo de suas camas no dia 5 de janeiro?

2. O que o presidente de Porto Rico faz no dia 5 de janeiro?

7 de Julio, página 54

1. A quem os espanhóis atribuem essa tradição da forma que é praticada atualmente? Em que livro estava escrito sobre essa tradição?

2. Há quanto tempo essa tradição vem sendo celebrada?

3. Qual foi o motivo original dessa tradição?

¡Viva el novio! página 56

1. Qual era a brincadeira feita com os noivos após a cerimônia?

2. Que tipo de construção era o hotel antes da restauração e onde ocorreu a recepção do casamento?

3. Que tipo de dança os noivos dançam?

Castillos en el aire, página 58

1. O "Castelos no ar" é uma performance realizada em time. O que eles fazem?

2. Que tipos de pessoas compõem a torre humana nessa competição?

3. Descreva a roupa que os participantes usam.

Algún día en cualquier parte, en cualquier lugar indefectiblemente te encontrarás a ti mismo, y ésa, sólo ésa, puede ser la más feliz o la más amarga de tus horas.

Pablo Neruda

Celebración

La Mamá Negra

ECUADOR

La Mamá Negra no es una mujer ni tiene la **piel oscura**. Es una gran fiesta local ecuatoriana que **se celebra** en la **localidad** de Latacunga, a poco más de 80 kilómetros de Quito y cuya máxima representación es un hombre disfrazado de mujer y con la **cara pintada** de negro. ¿Quieren saber más? **¡Pues sigan leyendo!** **Existen** varias versiones **acerca** del origen de la fiesta de la Mamá Negra pero la más popular es la que **sostiene** que es la celebración para **venerar** a la Virgen de la Merced o Santísima Tragedia. En 1742 la ciudad quedó **arrasada** por la erupción del Volcán Cotopaxi. Desde entonces su población **empezó** a **rendirle homenaje**, con la **esperanza** de que los **protegiera** de nuevas erupciones. Con esta celebración, los habitantes de la ciudad también **festejan** el aniversario de su independencia. Por el carácter pagano que tiene la tradición, algunos **sacerdotes** de la época **suspendieron** el festejo, pero las autoridades de Latacunga **se encargaron** de **promoverla** y **oficiarla nuevamente** en homenaje a la independencia de la ciudad. Por este motivo, hoy en día **se festeja por partida doble**: el 23 de septiembre, fecha que corresponde al día de la Virgen de la Merced, y el 8 de noviembre por la independencia.

Un mes antes de la fecha, el pueblo entero se prepara y **ensaya** los distintos **papeles** de los personajes que **intervendrán** en la danza y el **desfile**. La figura central es la Mamá Negra que, llevando una **muñeca** negra representando a su hija, **cabalga** durante la procesión hasta llegar a la **iglesia** de la Merced. Diferentes personajes la acompañan: su **esposo**, los **huacos**, seres que realizan exorcismos para **limpiar** las **almas** y que **marcan** la presencia de los **chamanes**; el ángel de la estrella que representa al ángel Gabriel; el **rey** moro que simboliza la llegada de los españoles a Ecuador; el capitán símbolo del ejército y muchos más, algunos de los cuales van **repartiendo tragos** a su **paso**. Este **cortejo recorre** las calles **bailando** y **cantando** al **compás** de las bandas que **deleitan incansanbles** con su música.

Glosario:

piel oscura: pele escura
se celebra/celebrarse: é celebrada/celebrar
localidad: localidade
cara: cara, rosto
pintada: pintada(o)
¡Pues sigan leyendo!: continuem lendo!
existen/existir: há/haver
acerca: sobre
sostiene/sostener: sustenta/sustentar
venerar: venerar, adorar
arrasada/arrasar: arrasada/arrasar
empezó/empezar: começou/começar
rendirle homenaje: homenageá-la
esperanza: esperança
protegiera/proteger: protegesse/proteger
festejan/festejar: festejam/festejar
sacerdotes: sacerdotes, padres
suspendieron/suspender: suspenderam/suspender
se encargaron/encargarse: encarregaram- se/encarregar-se
promoverla: promovê-la
oficiarla: celebrá-la
nuevamente: novamente
se festeja por partida doble: há uma dupla celebração
ensaya/ensayar: ensaia/ensaiar
papeles: papéis
intervendrán/intervenir: participarão/participar
desfile: desfile, parada
muñeca: boneca
cabalga/cabalgar: cavalga/cavalgar
iglesia: igreja
esposo: marido
huacos: personagens da mitologia indígena, místicos e mágicos, que representam os "xamás" ou curandeiros
limpiar: limpar
almas: almas
marcan/marcar: marcam/marcar
chamanes: xamás
rey: rei
repartiendo/repartir: compartilhando/compartilhar
tragos: goles de bebidas
paso: ao passar
cortejo: cortejo
recorre/recorrer: percorre/percorrer
bailando/bailar: dançando/dançar
cantando/cantar: cantando/cantar
compás: ritmo, compasso
deleitan/deleitar: deleitam-se/deleitar-se
incansables: incansáveis

El Salvador del Mundo

SAN SALVADOR

Cada año, cuando **comienza** el mes de agosto, los salvadoreños están de fiesta. Del 4 al 6 de ese mes **le rinden homenaje** a su patrono, San Salvador del Mundo, y las **festividades** que **se organizan** en su honor son unas de las más importantes del país.

Durante **toda la semana**, los habitantes **participan** de **desfiles**, procesiones y actos religiosos y culturales. Las actividades culturales y **recreativas** van desde los conciertos de **música folklórica** hasta **espectáculos de fuegos artificiales**. También se organiza una **feria** donde los presentes pueden **comprar recuerdos** de su patrono y otras **artesanías**. **Aunque se trata** de una celebración nacional, los habitantes de la capital son los que **cuentan** con la agenda más **abultada** ya que **casi todas** las actividades **se concentran** allí.

Los actos religiosos **se realizan** en la **Basílica del Sagrado Corazón** y la **atracción principal** es la tradicional "bajada" o **procesión del santo**, la cual hace un **recorrido** por las **calles principales** del centro de San Salvador **representando** la transfiguración de Jesucristo.

cada año: cada ano
comienza/comenzar: começa/começar
le rinden homenaje: homenageiam
festividades: festividades
se organizan/organizarse: são organizadas/organizar
toda la semana: toda a semana
participan/participar: participam/participar
desfiles: desfiles, paradas
recreativas: recreativas
música folklórica: músicas populares
espectáculos de fuegos artificiales: espetáculos de fogos de artifício
feria: feira
comprar: comprar
recuerdos: lembranças
artesanías: artesanatos
aunque: embora
se trata/tratarse: trata-se/tratar-se
cuentan/contar: contam/contar
abultada: lotada
casi todas: quase todas
se concentran/concentrarse: concentram-se/concentrar-se
se realizan/realizarse: realizados/realizar
Basílica del sagrado corazón: basílica do sagrado coração
atracción principal: atração principal
procesión del santo: procissão do santo
recorrido: trajeto
calles principales: ruas principais
representando: representando

NOTA CULTURAL Como o espanhol foi introduzido há muito tempo na América Central, a língua falada nessa região tem dialetos e idiomas, alguns regionais e outros inerentes a cada país. Muitas palavras Nahuatl (azteca) são usadas em El Salvador, e o espanhol salvadorenho é ainda mais formal que o de outros países, as pessoas sempre se dirigirão a você com o título de *señor* ou *señora* antes de dizer seu nome. Quando entram em uma loja ou cafeteria, fazem um rápido e educado cumprimento a todos. É uma delícia observar um grupo de salvadorenhos interagindo! Gestos, vozes altas e entusiasmo dão vida a sua comunicação, é normal cumprimentarem-se apertando as mãos e dizendo *buenos días* ou *buenas tardes*. Eles também são muito sociáveis; reunir-se com a família e os amigos é sua atividade favorita. Fazer uma visita sem avisar é considerado aceitável e bem-vindo.

muerte: morte

destino: destino

inexorable: inexorável

vida humana: vida humana

asusta/asustar: assusta/assustar

angustia: angústia

imitar: imitar

vivirla: viver a morte

alegría: alegria

reconciliarnos: reconciliarmos

enfrentar: enfrentar

miedo: medo

burla: brincadeira

festejar: celebrar, festejar

llorar: chorar

espejo: espelho

refleja/reflejar: reflete/refletir

ha vivido: viveu/viver

ilumina/iluminar: ilumina/iluminar

carece de sentido: não tem sentido

tampoco: nem

hecho de morir: ato de morrer

desconocido: desconhecido

comienzo: começo

algo nuevo: algo novo

luto: luto

diversión: diversão

tristeza: tristeza

frente: diante de

burlándose: zombando

jugando/jugar: brincando/brincar

conviviendo: convivendo

irónicamente: ironicamente

calaca: morte

huesuda: ossuda

flaca: magrela

parca: morte

se recuerda/recordarse: lembramos/lembrar

se llenan/llenarse: se enchem/encher

ansiosa: ansiosa

compartir: compartilhar

fecha: data

difuntos: defuntos, mortos

tumba: tumba

compañía: companhia

El día de los muertos
MÉXICO

La **muerte** es el **destino inexorable** de toda **vida humana**. A muchos su sola idea **asusta** y **angustia**. Pero ¿por qué no **imitar** al pueblo mexicano y **vivirla** con **alegría**? Si es inevitable, ¿por qué no **reconciliarnos** con ella? ¿Por qué no **enfrentar** nuestro **miedo** con la **burla**? ¿Por qué no **festejar** en lugar de **llorar**?

Para los mexicanos la muerte es como un **espejo** que **refleja** la forma en que uno **ha vivido**. Cuando la muerte llega, **ilumina** la vida de uno. Para ellos, si la muerte **carece de sentido**, **tampoco** lo tuvo la vida.

Más que el **hecho de morir,** importa lo que sigue al morir. Ese otro mundo **desconocido** y **comienzo** de **algo nuevo**.

Luto y alegría, **diversión** y **tristeza**, son los sentimientos del pueblo mexicano **frente** a la muerte: ellos también le tienen miedo pero a diferencia de otros, lo reflejan **burlándose, jugando** y **conviviendo** con ella. **Irónicamente**, la llaman "**calaca**", la "**huesuda**", la "**flaca**", la "**parca**".

El 2 de noviembre **se recuerda** no sólo a los muertos sino a la continuidad de la vida: los cementerios del país **se llenan** de gente **ansiosa** por **compartir** esta **fecha** con sus **difuntos**. Familiares y amigos llegan a la **tumba** de su ser querido, con flores, comida y música para disfrutar en su **compañía**.

En la mayoría de los **casos** la fiesta continúa en la casa de alguno, haciendo honor al célebre **dicho popular**: "El muerto al **cajón** y el **vivo al fiestón**".

En las casas **se improvisan** los famosos altares: **sobre** una mesa **cubierta** con un mantel, **se coloca** una fotografía de la persona **fallecida** y allí se hacen las ofrendas.

El rito de la ofrenda es respetado por toda la familia; todos participan **recordando** a los que se **han ido**, y quienes, según **se cree**, **regresan** este día para **gozar** lo que en vida más **disfrutaban**. Se colocan **velas**, flores, guirnaldas y los objetos personales preferidos del **difunto**. También **se disponen** platos tradicionales de la cocina mexicana y todo **se adorna** con **calaveritas de azúcar**. Entre las ofrendas más importantes está el "pan de muerto": un **pan dulce** preparado especialmente para la ocasión y el cual se adorna con formas de **huesos** hechos de la **misma masa**.

El aire de la casa **se impregna** con el aroma del **copal** que **se quema** en **sahumadores**, según la **creencia** de que los aromas **atraen** al **alma** que **vaga**.

Con todo esto, **no digo** que uno quiera **morirse** pero finalmente, **¿no estaría tan mal, no?**

bastón: bastão	

bastón: bastão

disponed/disponer: disponha/dispor

mando: mando

palabras: palavras

Gobernador: governador

acudieron/acudir: vieram/vir

vecinos: vizinhos

paso: passo

unidos: unidos

tenían/tener: tinham/ter

proclamaban/proclamar: proclamavam/proclamar

aunque: embora

tendrían/tener: tivessem/ter

luchar: lutar

lograr: conseguir

se concretó: foi concretizada

después: após

conmemora/conmemorar: comemora/comemorar

nuevo: novo

llamadas: chamadas

festejan/festejar: celebram/celebrar

nacimiento: nascimento

libre: livre

identidad propia: identidade própria

duran/durar: duram/durar

toda una semana: uma semana inteira

feriados: feriados

disfrutan/disfrutar: desfrutam/desfrutar

desfiles: desfiles, paradas

comidas típicas: comidas típicas

orgullo nacional: orgulho nacional

campesinos a caballo: camponeses a cavalo

ataviados: vestidos

vestimentas de gala: trajes de gala

participan/participar: participam/participar

se organizan/organizarse: são organizados/organizar

68 celebración

Festeja su independencia
CHILE

"Aquí está el **bastón**, **disponed** de él y del **mando**". Con estas **palabras** inició Mateo de Toro y Zambrano, **Gobernador** de Chile en ese momento, la sesión de Cabildo Abierto a la que **acudieron** los máximos representantes de la ciudad y **vecinos** más importantes. Esta reunión, el 18 de septiembre de 1810, era el primer **paso** hacia la Independencia de su país: los chilenos **unidos** por el amor que **tenían** hacia su tierra, **proclamaban** su independencia de España, **aunque tendrían** que **luchar** un tiempo más para **lograr** su libertad total, ya que ésta **se concretó** 8 años **después** (el 12 de febrero de 1818, luego de la Batalla de Maipú). Cada 18 de septiembre el pueblo chileno **conmemora** un **nuevo** aniversario de la Independencia nacional en las **llamadas** Fiestas Patrias. Cada 18 de septiembre **festejan** el **nacimiento** de Chile como una nación independiente, **libre** y con **identidad propia**.

¡A pura fiesta! Las Fiestas Patrias **duran toda una semana**, comenzando el 18. Estos días en general son **feriados** y los chilenos **disfrutan** de **desfiles**, bailes, juegos, música, **comidas típicas** y otras exhibiciones de **orgullo nacional**. En los desfiles, los "huasos" (**campesinos a caballo**), **ataviados** con sus **vestimentas de gala**, **participan** de los rodeos que **se organizan** para la ocasión.

Muchas de las celebraciones se organizan en "**ramadas**" o "**fondas**"cuyo origen data de **aquella época**: estos eran los lugares de entretenimiento del pueblo, que **se establecían** en **terrenos abiertos** y donde **se reunían** a bailar, comer y **distenderse**.

Los músicos **se instalaban** en carros generalmente **techados** con **caña o paja**, y **tocaban** sus instrumentos para **atraer compradores** a las mesas **cubiertas con tortas**, licores y otras delicias. Hoy en día, **rescatando** la tradición e **imitando** las de entonces, las ramadas **se arman** temporalmente en **fincas**, **predios** o **edificios** abiertos con las terrazas cubiertas con paja y **ramas de árboles** y adornados con **guirnaldas**. Allí **se ubican sillas** y mesas dejando un lugar amplio para el baile: entre **cumbias, polcas y cuecas**, se ofrece una gran variedad de comidas típicas que incluye el **asado**, las empanadas y la **chicha**.

¡A jugar! Una de las características de estas fiestas es la **cantidad** de juegos tradicionales que se practican. Para nombrar sólo algunos, "el palo ensebado" es uno de los preferidos: consiste en un **palo de madera** de 5 a 6 metros de alto **enterrado** en la tierra, que **se unta** con grasa y que debe ser **trepado** por los competidores que, resbalando una y otra vez, luchan por **alcanzar** el premio que está en la **cima**. Otro de los juegos tradicionales es la "**carrera de sacos**": los competidores corren **metidos** en bolsas o **sacos de arpillera**.

Otros como el **trompo**, la **rayuela**, la **pallana** y las **bolitas**, también **convocan** a grandes y chicos. Y los juegos no sólo están en la tierra sin también más arriba: durante toda esta semana patria, el **cielo chileno se cubre** de formas y colores en continuo movimiento. Es el **reinado** del "**volantín**" o **barrilete**, una de las actividades más populares.

¡Menudo tomate!: que tomate! esta expressão é um trocadilho, tomate em espanhol, além do mesmo significado que tem em português, também significa "briga, estardalhaço".

ríos: rios

salsa roja: molho vermelho

fluyen/fluir: fluem/fluir

como si: como se

volcán: vulcão

erupción: erupção

protagonizando/protagonizar: protagonizando/protagonizar

guerra pacífica: guerra pacífica

dando la vuelta al mundo: dando a volta ao mundo

allénde las fronteras: além das fronteiras

como ocurre: como acontece

surgió/surgir: surgiu/surgir

de forma casual: de forma casual, espontânea

se enzarzó/enzarzarse: envolveu-se/ envolver-se

pelea: briga

a la que cada vez: que foi cada vez mais

se fue sumando/sumarse: somando/ somar

destino: destino

quiso: quis/querer

puesto de verduras y frutas: barraca de verduras e frutas

en los alrededores: por perto

cajas: caixas

expuestas: expostas

para su venta: para venda

por lo que: através da qual

implicados: envolvidos

tangana: briga

tirárselos unos a otros: jogá-los uns nos outros

batalla campal: batalha campal

mediar: interceder

asunto: assunto

altercado: altercação, discussão

pagar: pagar

destrozos: danos

tremendo alboroto: tremendo alvoroço

no se olvidó: não foi esquecido

al llegar el mismo miércoles: quando chegou a mesma quarta-feira

llevando/llevar: levando/levar

desde entonces y hasta hoy: daquela época até hoje

¡Menudo tomate!

ESPAÑA

Ríos de **salsa roja fluyen** por las calles de Buñol (Valencia) **como si** de lava de un **volcán** en **erupción** se tratara. La imagen de miles de personas **protagonizando** una **guerra "pacífica"** de tomates lleva años **dando la vuelta al mundo** y es que "La Tomatina" es una de las fiestas españolas más conocidas **allénde las fronteras** del país.

Como ocurre con muchas otras celebraciones populares, esta tradición **surgió de forma casual**. En agosto de 1945 un grupo de jóvenes **se enzarzó** en una **pelea** en la plaza del pueblo **a la que** 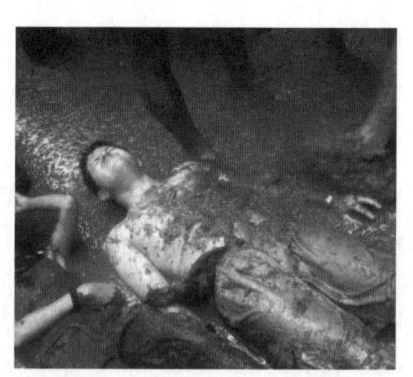 cada vez se fue sumando más gente. El **destino quiso** que hubiera cerca un **puesto de verduras y frutas en los alrededores** con las **cajas expuestas** en la calle **para su venta, por lo que** los **implicados** en la **tangana** cogieron tomates y empezaron a **tirárselos unos a otros**, empezando una auténtica **batalla campal**. La policía tuvo que **mediar** en el **asunto** y los responsables del **altercado pagar** todos los **destrozos**.

El **tremendo alboroto no se olvidó** y al año siguiente, **al llegar el mismo miércoles** de agosto, los jóvenes de Buñol volvieron a reunirse en la plaza, **llevando** esta vez ellos los tomates. **Desde entonces y hasta hoy**, cada último miércoles del mes de agosto se celebra La Tomatina.

A pesar de la oposición de las autoridades locales durante los primeros años, **lo cierto es que** el **Ayuntamiento** es quien organiza la fiesta y quien compra las más de 120 **toneladas** de tomates que se **lanzan en poco más de** una hora.

El ritual de La Tomatina empieza con la empalmá, que es una **larguísima** noche de fiesta que se "**empalma**" con la mañana. Así, antes del gran momento, los habitantes de Buñol **se reúnen** para **tomar** juntos un gran **desayuno** y **coger fuerzas** para la **lucha**.

Al punto del mediodía, cinco grandes **camiones llenos de tomates hasta arriba descargan** su **mercancía** en la plaza del pueblo para **abastecer** las manos de las más de 25.000 personas que cada año **se congregan** en este pueblo valenciano.

El secreto **para que ésta sea una batalla** sin **heridos consiste en aplastar** las **hortalizas** antes de lanzarlas. En los últimos momentos de esta guerra **sin igual**, los tomates están tan **chafados** que pierden su consistencia por lo que a los **combatientes** sólo les queda **restregarlos** contra el vecino o **bañarse** en su salsa.

Calzadas, paredes, farolas, coches y árboles **quedan teñidos** de un rojo intenso. Sin embargo, los participantes en la **contienda se ponen manos a la obra** para **limpiarlo** todo y hacer que, en menos de dos horas, no quede **ni rastro** de La Tomatina.

Exhaustos por la batalla, los buñolenses **se retiran** a sus casas para **iniciar** una "siesta popular", una tradición **casi tan antigua** como esta guerra de tomates única en el mundo.

---

lo cierto es que: a verdade é que
Ayuntamiento: prefeitura
toneladas: toneladas
lanzan/lanzar: são jogados/jogar
en poco más de: em pouco mais de
larguísima: longuíssima
empalma/empalmar: une/unir. Unir a noite com a manhã (expressão usada quando alguém passa a noite toda fora)
se reúnen/reunirse: reúnem-se/reunir-se
tomar: tomar
desayuno: café da manhã
coger fuerzas: ganhar força
lucha: luta, briga
al punto del mediodía: ao meio-dia
camiones: caminhões
llenos de tomates hasta arriba: cheios de tomates até em cima
descargan/descargar: descarregam/descarregar
mercancía: mercadorias
abastecer: abastecer
se congregan/congregarse: reúnem-se/reunir-se
para que ésta sea una batalla: para que esta seja uma batalha
heridos: feridos
consiste en/consistir en: consistem em/consistir em
aplastar: esmagar
hortalizas: hortaliças, verduras
sin igual: sem igual
chafados: amassados
combatientes: combatentes
restregarlos/restregar: esfregar/esfregar
bañarse: tomar banho
calzadas: calçadas
paredes: paredes
farolas: faróis, semáforos
quedan teñidos: ficam tingidos
contienda: disputa
se ponen manos a la obra: põem as mãos à obra
limpiarlo/limpiar: limpar/limpar
ni rastro: nenhum sinal
exhaustos: exaustos
se retiran/retirarse: voltam/voltar
iniciar: iniciar
casi tan antigua: quase tão antiga

El baile del palo de mayo
NICARAGUA

"Tulululu pasa, tulululu, pasa..." empiezan a cantar en **Misquito**, una **mezcla** entre el español y el inglés. Empiezan a bailar **alrededor** de un "Palo" con un ritmo africano y una fusión étnica **que le hacen a uno menearse**. Esta danza **originaria de** la Costa Atlántica de Nicaragua por **los indios misquitos se ha popularizado** por todo el país de Nicaragua.

El baile que tiene su **apogeo a comienzos del** mes de mayo **se ha difundido** por grupos como la Dimensión Costeña. Este **conjunto conmueve** al pueblo nicaragüense con su música **al tocar** sus canciones del Palo de Mayo. **Enfrente del** grupo, **bailan dos mujeres** con **movimientos y meneos** que **jamás se han visto** y uno **no puede quitarse los ojos de ellas** mientras que bailan durante cada **canción cadenciosa**.

Desde el siglo XIX, La Gran Bretaña **había puesto su codiciosa mirada sobre** la Costa Atlántica. **Súbditos ingleses se establecieron** en la región y empezaron a **ubicarse** con los indios. La cultura costeña es el resultado de una confluencia de variadas culturas. Esta convergencia **se llevó a cabo**, principalmente en el siglo del romanticismo. A lo largo de los años, por la Costa Atlántica, como en la región de Bluefields, **acudieron** numerosos personas **oriundas de** Las Islas Antillanas, principalmente de Jamaica. **En aquellos tiempos**, los jóvenes de ambos sexos **salían a coger** flores y **aportaban** un poste que llamaban "el palo de mayo" adornado con frutas y flores en el centro del lugar donde se celebraban las fiestas de ese día. **Lo que se produjo** era una música energética y cultural de los países caribes.

Algunos **lo han llamado el baile prohibido** por sus tonos sexuales, pero como la Marimba de Nicaragua, la Samba de Brasil o la Cumbia de Colombia, el palo de mayo **se ha vuelto** como parte del folklore nicaragüense.

Celebración del mercado medieval
ESPAÑA

Los **pasados** días 30 y 31 de mayo, y el 1 de Junio, los **ciudadanos** de Burgos tuvimos la posibilidad de visitar el **Mercado Medieval**, situado cerca de la Catedral. Este **acontecimiento** se celebra cada año, y su **principal aliciente** es el maravilloso **ambiente** y la **exposición** de los **oficios** más característicos del Medioevo en Castilla y León, comunidad autónoma española **en la que está incluida** Burgos.

En realidad, es **la segunda vez** que **visito** este Mercado, y la experiencia es realmente interesante. **Nosotros llegamos** el día de la inauguración, y aunque **al principio no había mucha gente**, en menos de una hora era difícil **andar entre la multitud**.

Para empezar, **compramos** unos **rollos de anís** y otros de chocolate. **Hay que decir** que todos los **alimentos a la venta** eran **artesanales**, al igual que los demás productos: **cestas, vidrios, collares, anillos**. Pudimos ver **cómo se hacía entonces** el pan, el **hojaldre** en **verdaderos hornos**, **al aire libre**. Verdaderos **panaderos cocinaban** sus productos y **cualquier visitante** podía comprarlos **recién hechos**.

También vimos a un **escriba**, a un **artesano del vidrio**, a personas **tejiendo** cestos de **mimbre** e incluso a **cetreros**, haciendo exhibiciones. ¡Las aves **volaban sobre nuestras cabezas**! Y, **por supuesto**, entre la gente estaban los **bufones**, **divirtiendo** al público.

Todo esto, en **un entorno** tan apropiado como las dos plazas de la catedral de Burgos. Al terminar la visita, y **pasar bajo** el Arco de Santa María, **fue como si hubiéramos hecho** un viaje en el tiempo, y **de repente volviéramos** al año 2005.

¡Una experiencia **inolvidable**!

mercado medieval: mercado medieval
pasados: últimos
ciudadanos: cidadãos
acontecimiento: evento, acontecimento
principal aliciente: principal estimulante
ambiente: ambiente, atmosfera
exposición: exposição
oficios: profissões
en la que está incluida/incluir: na qual está incluída/incluir
en realidad: na verdade
la segunda vez: a segunda vez
visito/visitar: visitou/visitar
nosotros llegamos/llegar: chegamos/chegar
al principio: no começo, a princípio
no había mucha gente: não tivesse muita gente
andar entre la multitud: andar entre a multidão
para empezar: para começar
compramos/comprar: compramos/comprar
rollos de anís: rosca de anis
hay que decir: há de se dizer
alimentos a la venta: alimentos à venda
artesanales: artesanais
cestas: cestas
vidrios: vidros
collares: colares
anillos: anéis
cómo se hacía entonces: como se fazia naquela época
hojaldre: massa folhada
verdaderos hornos: verdadeiros fornos
al aire libre: ao ar livre
panaderos: padeiros
cocinaban/cocinar: cozinhavam/cozinhar
cualquier visitante: qualquer visitante
recién hechos: recém-feitos, frescos
escriba: escriba, copista
artesano del vidrio: artesão que trabalha com vidro
tejiendo/tejer: tecendo/tecer
mimbre: vime
cetreros: falcoeiro
volaban sobre nuestras cabezas: voavam sobre nossas cabeças
por supuesto: certamente
bufones: palhaços, bobos da corte
divirtiendo: divertindo
un entorno: um ambiente
pasar bajo: passar debaixo de
fue como si hubiéramos hecho: foi como se tivéssemos feito
de repente: de repente
volviéramos/volver: voltássemos/voltar
inolvidable: inesquecível

Puno: cidade peruana	
pleno: pleno	
altiplano peruano: planalto peruano	
cerca: próximo	
lago: lago	
alegría: alegria	
música andina: música andina	
danzas incaicas: danças incaicas	
fe: fé	
se unen/unirse: unem-se/unir-se	
dar honores: honrar	
Madre Tierra: mãe terra	
imagen: imagem	
se halla/hallar: é achada/achar	
extendida: difundida	
ya que: já que	
se venera/venerar: é venerada/venerar	
casi todos: quase todos	
impuso/imponer: impôs/impor	
santa madre: santa mãe	
fue traída/traer: foi trazida/trazer	
indígenas autóctonos: indígenas autóctones (nativos)	
iniciaron/iniciar: iniciaram/iniciar	
se desarrolla/desarrollar: desenvolvida/desenvolver	
junto con: junto com	
llena de: cheia de	
manifestaciones artístico-culturales: manifestações artísticas e culturais	
motivo: motivo/razão	
gobierno: governo	
designó/designar: designou/designar	
se inicia/iniciar: começa/começar	
se prolonga/prolongar: estende-se/estender	
primera semana: primeira semana	
llega/llegar: chega/chegar	
apogeo: apogeu	
misa: missa	
iglesia: igreja	
sigue/seguir: é seguida/seguir	
desfile: desfile, parada	
estadio: estádio	

La Virgen de la Candelaria
PERU

En **Puno**, en **pleno altiplano peruano** y **cerca** del **lago** Titicaca, existe una gran celebración donde la **alegría**, la **música andina**, las **danzas incaicas** y la **fe se unen** para **dar honores** a la Virgen de la Candelaria y a la **Madre Tierra**.

La devoción a la **imagen** de esta virgen **se halla** muy **extendida** en Latinoamérica, **ya que se venera** en **casi todos** los países de América donde España **impuso** su religión. La figura de esta **santa madre fue traída** desde España a Puno el 2 de febrero de 1583, momento en el que los **indígenas autóctonos iniciaron** su conversión al catolicismo.

La festividad, que **se desarrolla** en el mes de febrero es una de las más grandes celebraciones de Sudamérica **junto con** el Carnaval de Río de Janeiro en el Brasil y el Carnaval de Oruro, en Bolivia.

Esta fiesta del altiplano andino está **llena de** símbolos y **manifestaciones artístico-culturales** de la cultura quechua, aymara y mestiza. Es por este **motivo** que, en noviembre de 1985, el **gobierno** del Perú **designó** a Puno Capital del Folklore Peruano. La actividad en honor a la Virgen de la Candelaria **se inicia** el 2 de febrero y **se prolonga** durante 15 días.

Es en la **primera semana** donde la fiesta **llega** a su **apogeo**. A la **misa** de la **iglesia** San Juan Bautista y la procesión a la Plaza de Armas, le **sigue** un **desfile** de grupos folklóricos en dirección al **estadio** Enrique Torres Bellón.

En este **lugar deportivo se congregan** unas 70 bandas musicales, **algunas conformadas** por 300 personas, entre músicos y **bailarines**. Todas estas **agrupaciones esperan ganar** el **concurso** de danzas folklóricas. La música y la danza son **variadas**, **dependiendo** de la región del Perú de dónde **provengan** los danzarines. Los ritmos del huayno y de la saya **colorean** el **ambiente** del **recinto deportivo**. Las bombardas por todo lo alto hacen **vibrar** al **expectante** pueblo puneño.

Centenares de **visitantes locales** y **extranjeros** llenan las calles y las **graderías** del estadio, en una **magna** fiesta en la que todos **se contagian**. Música andina, máscaras, **disfraces** de ángeles y demonios **se mezclan** con un **único** objetivo: dar honores a la **querida** imagen de la Virgen de la Candelaria. **Bastarán** sólo ochos minutos de **coreografías** para que los **jueces** decidan qué **banda artística** ganará el **título del año**. Bastarán sólo ocho minutos para **escoger** como ganadora a una banda que **destaque** entre las demás por el ritmo, color, **fuerza** y **sentimiento**.

La tradición incaica y aymara llega a su **plenitud** en esta **festividad**. **No cabe duda** que Puno es la **capital folklórica** del continente.

La pascua y Semana Santa
ARGENTINA

La semana Santa **conmemora los últimos días** de la **vida de Cristo**. La Pascua es el **recordatorio** de la muerte y la resurrección de Cristo.

De hecho, la palabra "pascua" significa **"paso"** de la **muerte** a la vida. En Argentina, **todos los Jueves Santos** al mediodía se celebra una **misa** en la **catedral** o en las **iglesias**. Por la tarde, se oficia una misa de **la cena** del **Señor** en donde se **rememora** la **última** cena de Cristo con los **doce apóstoles**.

El viernes Santo se rememora la cruxificación; en algunas casas católicas se practica el **ayuno**. Algunos también lo **consideran** un día de **silencio** y reflexión. En muchas ciudades, se celebra con **peregrinaciones** que **evocar** el sacrificio de Cristo y también **pasajes bíblicos**.

El sábado está **dedicado** al **lamento** por la muerte de Cristo **mientras que** el "**Domingo de Pascua**" es un día de celebración familiar. Se celebra la **fiesta** de la **Cristiandad**, que es la creencia en la resurrección.

Uno de los **símbolos** que **se utiliza** en la Pascua son los **huevos de Pascua** que se asocian a la fiesta de Pascua aunque tengan un **origen pagano para que los chicos se diviertan**. Muchas familias **acostumbran** hacer una **búsqueda de huevos**. El huevo de Pascua es de chocolate y está **relleno** de **confites** y **sorpresas** que generalmente **consisten de** pequeños **juguetes de plástico**. Los huevos de Pascua tienen diferentes **tamaños**. ¡Los hay **hasta** de dos **kilos**!

Un lento retorno
CUBA

En Semana Santa todos **los fieles católicos** del mundo **recuerdan** el **calvario**, la crucifixión, la **muerte** y la resurrección de Cristo. **Y si bien** en todos los países no **se celebra** de la **misma** forma **ni** con el mismo fervor, este tipo de tradiciones católicas son, casi en su **mayoría**, **comunes** con las tradiciones de los pueblos de matriz ibérica y **poseen** características similares a las de estos pueblos. Las celebraciones **incluyen** procesiones y ceremonias religiosas.

En Cuba, este es **apenas** el **octavo** año que **se festeja** la Semana Santa desde que Fidel Castro **asumió** el **poder**, en 1959. El actual **gobierno socialista** había **suprimido** todos los actos en los que **se mezclaba** lo religioso con la fiesta popular, y **se restauraron tras** la visita del Papa Juan Pablo II, en 1998.

Hoy en día, en las iglesias se celebran los actos religiosos y en los parques o en **algunas** plazas **se levantan tiendas** que **venden** comidas y bebidas, y se **oye** música y **suele** haber bailes. **Aunque** las procesiones y todos los actos religiosos se organizan todavía **tímidamente ya que** todo necesita contar con las **debidas autorizaciones** del gobierno.

Luego de tantos años de **enfrentamientos** entre la Iglesia y el régimen, estos permisos oficiales son vistos como una **señal de apertura**, pero tras varias décadas de **poca enseñanza católica**, son pocos los **jóvenes** que **conocen** ritos, **cánticos** o el **significado real** de las ceremonias.

La fiesta con más Gracia
ESPAÑA

Visitar el **barrio** de Gracia en Barcelona durante su fiesta mayor es **trasladarse** a un mundo **mágico.** En un **paseo de poco más de una hora** se puede **pasar de cielo** al **infierno,** viajar de la China al **Lejano Oeste** o "nadar" en el **fondo del mar. Y todo gracias a** la imaginación de sus **vecinos.**

La tradición de decorar las calles **se remonta** al siglo XVIII, cuando Gracia todavía era un pueblo a las **afueras** de la ciudad de Barcelona (**se unió** definitivamente en 1850). La preparación **dura** casi 12 meses pero el resultado final **justifica** los **centenares** de horas **empleadas.** A los pocos días de finalizar las fiestas, los vecinos **empiezan ya** a **generar** ideas para la **ornamentación** de las calles del próximo año.

Una vez escogido el tema para la **escenografía,** los **improvisados artistas deberán** pensar cómo van a **llevar a cabo** su idea y qué materiales necesitan **recolectar** para **diseñar** las diversas formas y texturas.

Desde hace varios años la mayoría de vecinos **reciclan** objetos y **envases** de la **vida cotidiana** para **elaborar** sus creaciones: **periódicos, botellas de plástico, vasos de yogur, alambres, cajas de cartón** o **hueveras. Resulta** realmente **asombroso** ver el **espectáculo** que con cosas tan simples **se consigue.**

Una veintena de calles, **vestidas con sus mejores galas, acoge** conciertos, espectáculos con **magos** y **orquestas populares** cada noche.

A lo largo de sus **aceras** tienen **barras** en las que **los propios vecinos sirven copas** a los visitantes, que bailan y beben **hasta bien entrada la noche**. **De esta manera**, los organizadores de las calles **consiguen** dinero para pagar los costos de la elaboración de los **decorados**.

Tanto **esfuerzo** vecinal **se ve recompensado** el primer día de fiesta mayor cuando un **jurado popular entrega** diversos **premios** a las mejores calles: a la más original, la mejor **iluminada**, la que más ecológica y la más bella. La curiosidad de los que **se acercan** hasta Gracia por conocer a las calles **agraciadas** hace que sean estas vías las más visitadas y, **en consecuencia**, las que más bebidas venden y dinero **recaudan**.

 Además de estas fantásticas calles decoradas, en las fiestas de Gracia se celebran **clases de baile**, exhibiciones de castellers, **desfiles** de **gigantes y cabezudos, chocolatadas** populares, **carreras, exposiciones** y mucha, mucha música **forman parte de** la **oferta festiva** de estos **cálidos días de verano** en Barcelona aunque, sin duda, lo que las hace especiales es la decoración de sus calles.

A pesar de que en agosto la ciudad **suele quedarse con la mitad de sus ciudadanos puesto que** es el **mes preferido** por los españoles para sus vacaciones de verano, Gracia **atrae** cada mes de agosto (en su **tercera semana**) a más de **un millón y medio** de visitantes… y es que **perderse** estas fiestas estando en Barcelona **sería** un **pecado**.

---

a lo largo de: ao longo de
aceras: calçadas
barras: barras
los propios vecinos: os próprios vizinhos
sirven/servir: servem/servir
copas: bebidas
hasta bien entrada la noche: até bem tarde da noite
de esta manera: dessa maneira
consiguen/conseguir: conseguem/conseguir
decorados: decoração
esfuerzo: esforço
se ve recompensado/recompensar: é recompensado/recompensar
jurado popular: júri popular
entrega/entregar: entrega/entregar
premios: prêmios
iluminada: iluminada, ilustrada
se acercan/acercarse: se aproximam/aproximar-se
agraciadas: vencedoras
en consecuencia: consequentemente
recaudan/recaudar: arrecadam/arrecadar
clases de baile: aulas de dança
desfiles: desfiles, paradas
gigantes y cabezudos: bonecos como os de Olinda
chocolatadas: reuniões populares em que as pessoas comem churros passando no chocolate quente (como um molho, e não bebida)
carreras: corridas
exposiciones: exposições
forman parte de/formar parte de: formam parte de/formar parte de
oferta festiva: proposta festiva
cálido días de verano: quentes dias de verão
a pesar de que: apesar de
suele quedarse con la mitad de sus ciudadanos: ficar com a metade de seus cidadãos
puesto que: posto que
mes preferido: mês favorito
atrae/atraer: atrai/atrair
tercera semana: terceira semana
un millón y medio: um milhão e meio
perderse/perder: perder/perder
sería/ser: seria/ser
pecado: pecado

oír: ouvir

todo el mundo: todo o mundo

piensa/pensar: pensa/pensar

cuyos: cujos

encanto propio: encanto próprio

tiene lugar/tener lugar: ocorre/ocorrer

Martes de Carnaval: terça de Carnaval

para saber: para saber

hay que tener en cuenta: há que levar em conta

Cuaresma: quaresma

mantenida/mantener: mantido/manter

en cualquier lugar: em qualquer lugar

se remontan/remontarse: remontam/ remontar

siglo XVI: século XVI

puertos marítimos: portos marítimos

entonces: nesse momento

gaditanos: gaditanos (de cádiz)

copiaron/copiar: copiaram/copiar

con el tiempo: com o tempo

lo adaptaron/adaptar: o adaptaram/ adaptar

sus propias costumbres: seus próprios costumes

hecho: feito

bastante: bastante

gente: pessoas

no se reúne/reunirse: não se reúnem/ reunir-se

ocurre/ocurrir: ocorre/ocorrer

se llenan de/llenarse: se enchem de/ encher-se

disfraces: fantasias

verdaderamente: verdadeiramente

cantando/cantar: cantando/cantar

disfrutando/disfrutar: desfrutando/ desfrutar

olvidar: esquecer

marcadas: marcadas

El carnaval de Cádiz
ESPAÑA

Al **oír** la palabra "carnaval" **todo el mundo piensa** en Brasil, pero hay una ciudad en España, llamada Cádiz, **cuyos** carnavales tienen un **encanto propio**. Como en el resto de los lugares que celebran estas fiestas, el carnaval de Cádiz **tiene lugar** durante el mes de febrero. Su fecha central es el **Martes de Carnaval** que este año es el 8 de febrero. **Para saber** la fecha aproximada de la celebración de los carnavales, **hay que tener en cuenta** que tienen lugar 40 días antes de **Cuaresma**, costumbre **mantenida en cualquier lugar** con tradición católica.

Los orígenes del Carnaval de Cádiz **se remontan** al **siglo XVI**, cuando la ciudad tenía uno de los **puertos marítimos** más importantes del mundo. Fue **entonces** cuando los **gaditanos copiaron** el carnaval de Venecia y **con el tiempo**, **lo adaptaron** a **sus propias costumbres**.

Un **hecho bastante** curioso es que durante esta fiesta, la **gente no se reúne** en un lugar específico como **ocurre** en muchas ciudades, sino que todas las calles de Cádiz **se llenan de** gente con **disfraces verdaderamente** originales, **cantando** y **disfrutando** de unos días dedicados a **olvidar** las prohibiciones y restricciones **marcadas** por la religión.

Durante la Guerra Civil y los 40 años de dictadura franquista, los carnavales **fueron prohibidos** en todo el territorio español. **Sin embargo**, Cádiz **se opuso** a esta norma y **continuó celebrándolos**.

Los principales **acontecimientos** celebrados durante los carnavales de Cádiz son la **coronación** de la Diosa del carnaval y la **lectura** del **pregón**. También **destacan** los **desfiles** que **discurren** por toda la ciudad, los **pasacalles**, las **fiestas infantiles** y los **bailes de disfraces**. Pero sin duda, lo que hace a este carnaval uno de los más famosos de España son las canciones de las **comparsas**, que destacan por su sátira y comicidad.

En el Gran Teatro de la Falla se celebra el **concurso** oficial de canciones y baile, donde **se escogerá** a la mejor composición. **Existen** varios grupos de amigos, llamados comparsas o agrupaciones carnavalescas que cantan **coplas** o canciones, **satirizando** a **personajes** o hechos importantes de la **actualidad**. Sus canciones son verdaderamente originales y es imposible no **sonreír** (¡o **reír a carcajadas**!) mientras se escuchan.

¡Son un verdadero espectáculo!

fueron prohibidos/prohibir: foram proibidos/proibir

sin embargo: contudo

se opuso/oponer: se opôs/opor

continuó/continuar: continuou/continuar

celebrándolos/celebrar: celebrando/celebrar

acontecimientos: acontecimentos

coronación: coroação

lectura: leitura

pregón: abertura

destacan/destacar: são destacados/destacar

desfiles: desfiles, paradas

discurren/discurrir: percorrem/percorrer

pasacalles: blocos carnavalescos

fiestas infantiles: festas infantis

bailes de disfraces: bailes a fantasia

comparsas: grupos de cantoras que escrevem e contam suas próprias músicas

concurso: competição

se escogerá/escoger: será escolhida/escolher

existen/existir: há/haver

coplas: músicas populares de andaluzia

satirizando/satirizar: satirizando/satirizar

personajes: personagens

actualidad: atualidade

sonreír: sorrir

reír a carcajadas: dar gargalhadas

¡Son un verdadero espectáculo!: são um verdadeiro espetáculo!

época: época	

época: época

conmemoran/conmemorar: comemoram/comemorar

nacimiento: nascimento

significado religioso: significado religioso

gente: as pessoas

aprovecha/aprovechar: aproveitam/ aproveitar

para reunirse con: para reunir-se com

seres queridos: entes queridos

manifestarles: demonstrar

regalos y comida: presentes e comidas

cariño y amor: carinho e amor

aguinaldos: décimo terceiro salário, abono de Natal, gratificação natalina

propicío: propício

descanso: descanso

esperan con ansiedad/esperar: esperam com ansiedade/esperar

luces multicolores: luzes multicoloridas

árboles: árvores

pesebres: presépio, manjedouras

hogares: lares

siguen/seguir: é seguido/seguir

menor proporción: menor proporção, menos importante

el dia de las veltas: dia das velinhas

muy pocos: muito poucos

lo saben/saber: saibam disso/saber

el alumbrado: o iluminado

encienden/encender: acendem/ acender

centenares: centenas

ventanas de sus casas: janelas de suas casas

hermosa tierra: bonita terra

alumbrada: iluminada

prenden/prender: acendem/acender

chispitas mariposas: estrelinhas (fogo de artifício)

juegos pirotécnicos: fogos de artifício

adornan/adornar: adornam/adornar

Celebración de Navidad
COLOMBIA

Navidad, **época** en la que los cristianos **conmemoran** el **nacimiento** de Jesús, pero al margen del **significado religioso,** la **gente** en Colombia **aprovecha** la ocasión **para reunirse con** los **seres queridos** y **manifestarles,** con **regalos y comida,** su **cariño y amor.** En Colombia, diciembre es época de **aguinaldos** y fiestas; también es un mes **propicío** para el **descanso** y las vacaciones. Los niños **esperan con ansiedad** la Navidad, la cual transforma los paisajes tradicionales con **luces multicolores** en **árboles, pesebres,** calles, establecimientos públicos y en la mayoría de **hogares.**

CELEBRACIÓN NAVIDEÑA COLOMBIANA:

Hay cuatro días que son especiales. Los más importantes son el 24 y 31 de diciembre. Le **siguen** en importancia el 8 de diciembre y **menor proporción** el 28 de diciembre.

El 8 de diciembre es **el día de las veltas.** Ese día se celebra la anunciación del arcángel a María, aunque realmente **muy pocos** colombianos **lo saben.** Este día, y algunas veces también el 7 de diciembre, celebramos en Colombia "El dia de las velitas" o **"El alumbrado"** en el cual todas las familias colombianas **encienden centenares** de velas en los andenes de las calles y **ventanas de sus casas,** convirtiendo las ciudades y los campos en una **hermosa tierra alumbrada** por miles y miles de pequeñas lucecitas. Los niños felices **prenden** sus **chispitas mariposas** y los **juegos pirotécnicos adornan** cada calle.

El 24 de diciembre es la Navidad. Durante los nueve días anteriores a la navidad **se reza** la novena de aguinaldos, la cual comienza a las seis de la tarde. Los **vecinos** van de **casa en casa cantando villancicos**, y **con el interés de recibir dulces y postres** al final de cada novena.

La noche es una fiesta, todos **bailan** al ritmo de salsa. **Canciones** especiales de estas fechas **suenan y resuenan una y otra vez**. A las 12 de la noche **se reparten** los aguinaldos. Después la fiesta **continúa hasta el amanecer**. La mañana del 25 es la fecha en la que los niños encuentran los regalos que les envía "el niño Dios" quien es el **encargado de traer** los regalos en Colombia.

El 28 de diciembre es el **día de los santos inocentes**. Este día es el equivalente al April Fool's Day americano. Está **permitido** hacer **bromas** a los amigos y **familiares**. Durante este día **se debe andar** con **mucho cuidado** y con los **ojos bien abiertos** para **no caer** en alguna "**inocentada**".

El 31 de diciembre es la fiesta de fin de año. Muchas veces es una fiesta mucho mayor que la del 24. Las mamás y las abuelas **expresan** su amor con la **cena** que preparan para la medianoche. En muchas regiones del país, **se acustumbra** hacer un **muñeco con ropa vieja**, **relleno de guasca de plátano** y de **pólvora**. A las 12 de la noche en punto, mientras todos **se abrazan** y **se desean** un feliz año, el muñeco es **incinerado** ante la vista de todos en **señal** de que el año **ha muerto** y como bienvenida al nuevo año. También es muy común la creencia en los **agüeros** de fin de año, como por ejemplo ponerse **ropa interior amarilla**; **correr con las maletas en las manos** dándole la vuelta a la casa **para poder viajar** el año **siguiente**; **comer doce uvas** al ritmo de las doce **campanadas**, y mucho más.

Examina tu comprensión

La Mamá Negra, página 64

1. Quais são os dois eventos celebrados pela *La Mamá Negra*?

2. Como é representada a *Mamá Negra* no desfile?

3. Quem são os *huacos* que fazem parte da celebração?

4. O que representam durante a celebração: o anjo da estrela, o Rei Mouro e o capitão?

El día de los muertos, página 66

1. O Dia dos Mortos é um momento para refletir sobre o quê?

2. Qual é o dito popular que costuma ser falado no início da celebração?

3. As comidas da festa incluem comidas moldadas em forma de esqueletos e caveirinhas. Qual é o principal ingrediente da cada uma?

Festeja su independencia Chile, página 68

1. Qual é o nome do Dia Nacional da Independência celebrado no Chile?

2. Por quanto tempo dura essa comemoração?

3. Descreva as distrações e os vendedores ambulantes.

4. Descreva o jogo mais popular durante essa época.

¡Menudo tomate!, página 70

1. Descreva como começa a celebração da *La Tomatina*.

2. Quantos tomates foram encomendados pela prefeitura na primeira celebração da Tomatina, e quanto tempo levou para os cidadãos os jogarem?

3. O que as pessoas fazem para preparar a "batalha"?

Teste sua compreensão

La Virgen de la Candelaria, página 74

1. Quando este evento ocorre e o que é celebrado?

2. Puno foi designado capital do quê? Por quê?

3. Onde ocorrem as festividades e o que acontece lá?

La fiesta con más Gracia, página 78

1. Quem conduz ou realiza esse evento? Quais são os materiais usados para decorar as ruas?

2. Algumas das "melhores ruas" são julgadas. Quais são os critérios usados pelos juízes? Qual é o prêmio (se há algum) recebido pelos vencedores?

La pascua e Semana Santa, página 76

1. O que acontece na Sexta-feira Santa?

2. O sábado é dedicado ao quê?

El carnaval de Cádiz, página 80

1. Em que mês é celebrado o carnaval de Cádiz?

2. Qual é o motivo/origem da celebração?

3. Qual é o evento ocorrido no Gran *Teatro de la Falla?*

Cuando hay gente unida que cree en algo firmemente,
ya religión, política o sindicato, algo sucede.

César Chávez

Personas

La magia de García Márquez

COLOMBIA

Conocí a Gabriel García Márquez **por primera vez** cuando tenía diecisiete años. **Fue entonces** cuando leí *El coronel no tiene quien le escriba*. Esta **narración corta se convirtió** en la puerta que **se abriría** para **descubrir el mundo mágico** de quien para mí es y seguirá siendo **el mejor escritor** Latinoamericano. *Crónicas de una muerte anunciada* **ha sido** la única **novela de suspenso** que **he leído alguna vez** y, su **obra maestra**, *Cien años de soledad*, se convirtió en mi **libro más leído** y base fundamental de mi **tesis de maestría**.

Este **célebre escritor** nació en Aracataca, Colombia, un 6 de marzo de 1928. **Sus primeros ocho años** de vida fueron los más importantes de su vida, años **cuando vivió** con sus **abuelos maternos**, Nicolás Márquez y Tranquilina Iguaran. **En algún momento** de su vida **pensó** estudiar **derecho** pero, **según él**, "me aburría a morir esa carrera". Así **se adentró** en **el mundo de las palabras** y las páginas blancas. Comienza en el **periodismo** trabajando en "El Heraldo", mientras empieza a trabajar en su primera novela *La Hojarasca*.

Su carrera periodística lo lleva a conocer Europa y **más tarde** los Estados Unidos, donde **viajó** por los caminos de sus **escritores favoritos**: Kafka, Faulkner, Virginia Wolf y Hemingway. En los últimos años, García Márquez ha vivido en México **junto a su esposa** Mercedes Barcha. Su libro más reciente, *Vivir para contarla*, es su autobiografía donde **pueden encontrarse** muchos de los **personajes** de sus libros. **Desde muy joven me sentí atraída hacia** el escritor y sus palabras. **Quizás sean** nuestros **años felices de infancia,** el **compartir** esa **abuela enérgica que adivinaba el futuro**, nuestro gusto por Hemingway o el **haber conocido el sur estadounidense.** Gabriel García Márquez **no necesita magia** para escribir. Él es la magia **transformada** en palabras.

Las hazañas de Rita Moreno

PUERTO RICO

Muchos la **recuerdan** como la Anita de de la película *West Side Story*. Para los puertorriqueños, Rosita Dolores Alverio representa uno de **nuestros orgullos** más importantes. Esta **dama** del **cine** y la televisión nació el 11 de diciembre de 1931 en el **pequeño pueblo** de Humacao. Aquí vivían sus padres, **trabajadores** y **amantes de la tierra**.

La Depresión de los años 30 los llevó a abandonar la isla **para probar suerte** en las **frías calles** de Nueva York. **Aunque el cambio fue drástico** y existía la **barrera del lenguaje**, Rita **demostró** desde pequeña su inmenso talento.

Mucho tiempo ha pasado desde *West Side Story*, la historia moderna de Romeo y Julieta. Desde entonces ha trabajado en más de 70 películas **a lo largo de** su **exitosa carrera**. *King of the Corner* **ha sido** su más reciente **aparición** y muchos la **podrán** recordar como Juana en American Family, donde también **se destacan** otros hispanos **notables**.

Rita Moreno ha sido la **única** hispana que ha ganado los **premios** Oscar, Tony, Emmy Grammy. Por su hazaña, aparece en el *Libro Guinness de Récords*. En 2004, el presidente George Bush **le otorgó** la **Medalla Presidencial de la Libertad** en honor a todos sus **logros** y **labor cívica**.

Rita Moreno, siempre **orgullosa** de su origen y su **herencia**, **pasará a la posteridad** como una de las artistas más famosas y **queridas** de la historia.

Diego Rivera

MÉXICO

La **primera vez** que **supe de** Diego Rivera fue por mi **acercamiento** y admiración hacia Frida Kahlo, su **amada**, pero también una gran artista. Es difícil **pensarlos separados** y la relación que **tuvieron** tan tormentosa, **dolorosa, amorosa** y pasional hace que esta **pareja sea** una de las más **recordadas** de su **época**. **Además** del amor que se tenían el uno al otro, les **unió** también su amor por la **pintura** y la **política**. **Se admiraron mutuamente** y **se amaron,** pero también **se odiaron.**

Diego Rivera nació en 1886 en Guanajuato (México) y fue uno de los pintores más famosos e importantes del mundo. **Mujeriego, imponente, escandaloso, feo** y **encantador,** Rivera fue uno de los máximos representantes, **si no el mayor,** del muralismo mexicano, **aunque** su obra también incluye trabajos como **pintor de caballete, dibujante** e ilustrador. Su **aporte** al mundo del arte moderno fue decisivo.

Diego Rivera fue un pintor revolucionario que siempre **buscó** llevar su arte, de **gran contenido social**, a la **gente**, a las calles, a los **techos** y **paredes** de **edificios públicos** ya que consideraba que el arte **debía** servir a la **clase trabajadora** y estar **a su alcance.**

Estudió Bellas Artes en México y luego en Europa, donde vivió varios años, **se enriqueció** con los distintos movimientos culturales y pictóricos. También visitó la Unión Soviética, **cuna** de sus ideales políticos. **De regreso** a México en 1921, **fundó** el Partido Comunista Mexicano y **se casó con** la pintora Frida Kahlo. Ambos **combinaron** su trabajo artístico con una **agitada** actividad política. En Rivera estaban tan **mezcladas** ambas expresiones que en la mayoría de sus murales **se ven reflejados** sus ideales: revolución social mexicana, resistencia a la opresión **extranjera**, la **valoración del indígena**, sus raíces, el **pasado** y el futuro de su país.

Su fama le llevó también a vivir y exponer su obra en Estados Unidos, aunque en su **país natal** es donde **se encuentra** su **legado** más importante. **Decoró** muchos edificios y ministerios públicos; dos de los más conocidos e importantes son *La Tierra Fecunda* en la Escuela Nacional de Agricultura de Chapingo y el mural con su **propia interpretación** sobre la historia de México, en el Palacio Nacional de la capital.

Murió el 24 de noviembre de 1957 en su casa de San Ángel de la ciudad de México.

*"Era un hombre adorable que **no sabía dar la cara** en su vida personal pero que en su vida pública era un **luchador**. Era muy **capaz de pararse** en público y **demoler**, por ejemplo, a los Rockefeller en 10 minutos."* Louise Nevelson

*"**Vuelvo a verte** con tu estatura monumental, tu **vientre** siempre adelantándose, tus **zapatos sucios**, tu viejo sombrero alabeado, tu **pantalón arrugado**, y pienso que nadie **podría** llevar con tanta **nobleza** cosas tan **estropeadas**."* Elena Poniatowska

Frida Kahlo

MÉXICO

"La pintura **llenó** mi vida. **Perdí** tres hijos y **otra serie de cosas** que **hubieran podido** llenar mi horrible vida. Todo eso lo **reemplazó** la pintura". "Para estar **desesperada**, **más vale** ser productiva. Siempre es algo que **le robamos** a la pura y simple autodestrucción…"

Estas palabras son de Frida Kahlo y dejan **vislumbrar** algo de lo que fue su vida. Una vida llena de **dolor**, **tristeza**, desesperación pero también de **luz**, pasión, amor, **fuerza** y resistencia. Una vida corta pero intensa. ¿Por qué será que la mayoría de los que viven una vida tan intensa, viven pocos años? **Quizás** porque de otro **modo no la aguantarían**.

Nació en México en 1907. En la adolescencia tuvo un terrible accidente que **le cambió** la existencia para siempre. Como consecuencia, no sólo **no pudo** tener **hijos**, sino que el **dolor físico** la acompañó en todo momento: la operaron más de siete veces de la **columna**, tres de una **pierna** (que al final terminó perdiendo), y todo su **cuerpo** fue un constante sufrir. **Comenzó** a pintar "**sin prestar mucha atención**", casi por casualidad, **postrada** en una cama y para **mitigar** su soledad y sus **largas horas** de convalecencia. **A través de** su obra **se expresaba** y **se liberaba**: "La fuerza de lo que no se expresa es **implosiva**, **arrasadora**, autodestructiva. Expresar es **liberarse**", **aseguraba**.

Sus **cuadros** están llenos de símbolos. Todos representan su realidad, su vida y la de sus **seres queridos**. Cuando **le preguntaban** por qué pintaba tantos **autorretratos**, ella contestaba que **se retrataba** a sí misma porque pasaba mucho tiempo sola y porque era el motivo que mejor **conocía**. Sus cuadros son **femeninos**, sinceros, sensibles y **feroces**.

Se casó con Diego Rivera, famoso muralista mexicano. Su amor por él fue inmenso, **inagotable**, incondicional. **Juntos participaron** políticamente en el partido nacional-socialista y **viajaron** por Europa y Estados Unidos, donde Frida exhibió por primera vez, en Nueva York, su obra individualmente.

Fue una relación tormentosa que **superó** las infidelidades de él, los **amoríos** de ella, las obligaciones de trabajo de Diego, los problemas de salud de Frida, varios abortos, el divorcio y otra vez el matrimonio. La pasión que los **unió** los **acompañó** hasta sus últimos días.

Frida murió en 1954. Su último cuadro, una naturaleza muerta en el que **se ven** unas **sandías abiertas**, se titula *Viva la vida*. Sus últimas frases escritas en su diario íntimo, "**Espero alegre** la **salida**…y espero no **volver** más", **resumen su paso** por esta vida.

NOTA CULTURAL

As pessoas geralmente perguntam se o espanhol castelhano, como falado em algumas partes da Espanha, é diferente do espanhol falado nos países da América Latina. Além do sotaque diferente, há algumas diferenças na gramática, no vocabulário e, muitas vezes, na pronúncia. Duas das maiores diferenças são o *leísmo* da Espanha e o uso do pronome *vos* em vez do *tú*; outra grande diferença é que o *vosotros* é frequentemente usado como o plural do *tú* (nossa segunda pessoa do singular tu, que lá é usada de forma coloquial, como aqui usamos o você) na Espanha, enquanto na América Latina é usado o *usted*. Outra diferença é que os espanhóis sempre pronunciam o "z" diante todas as vogais e o "c" quando vem antes do "e" e do "i" como o som do "th" da língua inglesa (como um "s" pronunciado com a língua entre os dentes), enquanto muitos países latino-americanos pronunciam como o som do nosso "c", como em cebola. Em alguns lugares o d intervocálico é eliminado, como em *bailaor*, *cantaor* e *tablao*. Os falantes de algumas áreas (como na Argentina em particular) geralmente pronunciam o "ll" e o "y" como o som do "j" em janela, e em outras, pronunciam como o "x" em xale; e o "j" tem som de "r", como em rato. Com o passar do tempo você pode ser capaz de dizer de onde uma pessoa é pelo sotaque. Com certeza, indiferentemente de onde você estudou, se seu sotaque é castelhano, mexicano ou boliviano, com uma boa pronúncia você poderá ser entendido na maioria dos lugares com hispanofalantes.

Celia Cruz

CUBA

Celia Cruz **nació** el 21 de octubre de 1925 en La Habana, Cuba. Su vocación era la música pero **aparte de** su talento, Celia con moral e integridad **alcanzó** su misión de **entusiasmar al mundo**. **Puesto que** ella **no pudo** tener niños, **adoptó** a **centenares** de **ahijados** y **demostró** respeto **hacia** su audiencia con positivismo y **fe**.

En el año 1961, Celia y Pedro Knight hicieron de Manhattan su **hogar**. **Al lado** de Tito Puente, Celia alcanzó una **meta** importante: ser la primera mujer hispana en el Carnagie Hall. En 1974 la vida de Celia **comenzó** con músicos como Héctor Lavoe, Cheo Feliciano, Johnny Pacheco, Rubén Blades y Willie Colón, entre muchos otros. Celia, la **fiel dama sonriente** y devota de la Virgen de la Caridad del Cobre, fue **siempre humilde**, pero **obtuvo frutos** como ser nominada 12 **veces** al Grammy **ganándolo** por primera vez en 1989. **Cantó** con Pavarotti y Liza Minelli entre otros artistas. **Recibió doctorados** de la Universidad de Yale, la Universidad Internacional de la Florida y la Universidad de Miami. **Participó** en varias **películas y telenovelas**. Sus manos están en el Paseo de la Fama en Hollywood, en Miami, e **incluso** muchas ciudades tienen calles que **llevan** su nombre. Celia Cruz obtuvo también la Medalla Presidencial de las Artes de las **manos** del presidente Bill Clinton. A los 77 años, el 16 de Julio del 2003 Celia Cruz abandonó esta tierra luego de sufrir un **tumor cerebral**. En su **velorio**, que **duró** días, cantó Patti LaBelle, y asistió gente de todas partes del mundo, entre ellos sus amigos íntimos y su **amado** Pedro, con quien un par de días antes Celia cumplió 41 años de unión. Su cuerpo fue enterrado en Nueva York **junto a** un **puño de tierra** que **trajo** desde Guantánamo años antes, cuando **supo** que no podría **volver** a su isla. Su música **sigue sonando** en los **rincones más remotos** del mundo y su legado **no tendrá fin** pues fue una dama que **convirtió** su vida en la **fuerza** de su canción.

Rubén Darío

NICARAGUA

Pensar en Nicaragua es **acordarse inevitablemente** de Rubén Darío y de esos poemas que a uno **le enseñaron** en el **colegio secundario** y que **hacían**, y hacen, **suspirar**.

La poesía es una de las artes más **queridas** de este país gracias a su gran poeta y escritor, uno de los mayores **exponentes** de todo Centroamérica. Desde su **infancia** fue un **niño prodigio**, **aprendió** a **leer** cuando **apenas** tenía tres años y **antes** de **cumplir los trece**, ya **había escrito** su primer poema.

Tuvo una vida **agitada**, **gozó** con exceso de todos los **placeres mundanos**. Fue **hombre de amores tempestuosos,** temperamental y sensual.

El **afán** de perfección fue una de sus características más **destacadas**. El ritmo, las nuevas combinaciones **métricas** y la armonía en sus composiciones **aportaron innovaciones** fundamentales en toda la literatura de **lengua** castellana. Fue el gran **inspirador** y máximo representante del Modernismo, **corriente** literaria que **se destacó** por la renovación radical en los conceptos básicos de la poesía, **otorgándole riqueza** y musicalidad.

Combinó su pasión por la escritura con **trabajos periodísticos** y diplomáticos que **le permitieron** viajar por algunos países.

La poesía de Rubén Darío no sólo **se lee**, sino que **se escucha** como una **melodía cautivante**, como una canción que emociona y **llega** al **alma**.

pensar: pensar
acordarse: lembrar
inevitablemente: inevitavelmente
le enseñaron/enseñar: foram ensinados/ensinar
colegio secundario: nível médio
hacían/hacer: faziam/fazer
suspirar: suspirar
queridas: queridas
exponentes: expoentes
infancia: infância
niño prodigio: menino prodígio
aprendió/aprender: aprendeu/aprender
leer: ler
apenas: mal
antes: antes
cumplir los trece: fazer 13 anos
había escrito/escribir: tinha escrito/escrever
tuvo/tener: teve/ter
agitada: agitada
gozó/gozar: aproveitou/aproveitar
placeres mundanos: prazeres mundanos
hombre de amores tempestuosos: homem de amores tempestuosos
afán: ânsia
destacadas: destacadas
métricas: métricas
aportaron/aportar: contribuíram/contribuir
innovaciones: inovações
lengua: língua
inspirador: inspirador
corriente: corrente
se destacó/destacarse: destacou-se/destacar-se
otorgándole/otorgar: concedendo/conceder
riqueza: riqueza
combinó/combinar: combinou/combinar
trabajos periodísticos: trabalhos jornalísticos
le permitieron/permitir: permitiram/permitir
se lee/leer: lida/ler
se escucha/escuchar: escutada/escutar
melodía cautivante: melodia cativante
llega/llegar: chega/chegar
alma: alma

con el paso de los años: com o passar dos anos	
se transformó/transformarse: transformou-se/transformar	
lucha: luta	
pobres: pobres	
mirada desafiante: olhar desafiador	
morir: morrer	
dispara/disparar: dispara/disparar	
cobarde: covarde	
estás matando/matar: está matando/matar	
inventadas/inventar: inventadas/inventar	
contribuyeron/contribuir: contribuíram/contribuir	
construcción: construção	
guerrero: guerreiro	
implacable: implacável	
pocos: poucos	
saben/saber: sabem/saber	
con exactitud: com exatidão	
pormenores: pormenores, detalhes	
como sucede: como acontece	
se convierten/convertir: tornam-se/tornar-se	
justamente: justamente, precisamente	
supera/superar: supera/superar	
desvirtúa: desvirtua, distorce	
de carne y hueso: de carne e osso	
nació/nacer: nasceu/nascer	
chiquito: garotinho	
sufrió/sufrir: sofreu/sofrer	
hacer la educación: receber sua educação	
hogar: lar, casa	
no le impidió/impidió: não o impediu/impedir	
sobresalir: se destacar	
entre los demás: entre os outros	
doctorarse: receber o doutorado	
realizó/realizar: fez/fazer	
descubriendo/descubrir: descobrindo/descobrir	
miseria: miséria	
masas: massas	
se formó: formou-se	
conoció/conocer: conheceu/conhecer	
se vinculó: uniu-se	
médico: médico	
sindicatos: sindicatos	
participó/participar: participou/participar	
posteriormente: depois	
partió/partir: foi para/ir	
encuentro: encontro	
integrante: integrante	
luchaba/luchar: lutava/lutar	

El Che Guevara

ARGENTINA

Con el paso de los años, el Che Guevara **se transformó** en icono de la revolución, la **lucha** y la defensa de los **pobres**. Su **mirada desafiante** en la fotografía que lo inmortalizó en posters, y sus últimas palabras antes de **morir**, "**Dispara, cobarde,** sólo **estás matando** a un hombre", **inventadas** o reales, **contribuyeron** a la **construcción** de esta imagen de **guerrero implacable**. En realidad, **pocos saben con exactitud** quién fue Ernesto Guevara, cuáles fueron sus ideales y los **pormenores** de su vida privada y de combate. **Como sucede** con la mayoría de las personas famosas que **se convierten** en mito, es **justamente** esa imagen mítica la que **supera**, y a veces también **desvirtúa**, al hombre real, al **de carne y hueso**.

Ernesto Guevara de la Serna **nació** en Rosario (Argentina) el 14 de junio de 1928. Desde **chiquito sufrió** de asma, por lo que tuvo que **hacer la educación** primaria en su **hogar**, pero esto **no le impidió sobresalir entre los demás**.

En 1953, tras **doctorarse** en Medicina en la Universidad de Buenos Aires, **realizó** su segundo viaje por Centroamérica y Sudamérica gracias al que, **descubriendo** la **miseria** dominante entre las **masas** y la omnipresencia del imperialismo, **se formó** políticamente con inclinación a la ideología marxista. Durante este viaje **conoció** también a varios revolucionarios cubanos, guatemaltecos y de otros países del continente (entre ellos a quien sería su futura esposa, Hilda Gadea Ontalia, economista exiliada peruana). **Se vinculó** al Partido Guatemalteco del Trabajo, trabajó como **médico** en los **sindicatos** y **participó** activamente en la política interna del país.

Posteriormente partió a México donde conoció a los hermanos Castro, Fidel y Raúl. Después de este **encuentro**, el Che se convirtió en un **integrante** del grupo de revolución cubana que **luchaba** contra el dictador Fulgencio Batista, presidente de Cuba en ese momento.

En 1955 **se casó** con Hilda Gadea, con quien tuvo una **hija.**
Sin embargo, este **nacimiento no logró mantener** a la **pareja**
unida y se divorciaron al poco tiempo. Tres años después, el
Che se casaría **de nuevo** con Aleida March Torres, una joven
cubana de 22 años, con la que tuvo cuatro **hijos**. A finales de
1956, en el **yate** Granma, el Che y una **superpoblación** de
tripulantes desembarcaron en el este de Cuba para **dar comienzo** a la guerrilla revolucionaria. Desde entonces, participó
activamente en varios **combates** y **batallas** hasta que, en enero
de 1959, Cuba fue liberada y Batista tuvo que partir al **exilio**.
En honor a los **servicios prestados** al país, Ernesto Guevara
fue declarado ciudadano cubano por el **Consejo de Ministros**.

Durante varios años **cumplió funciones** oficiales dentro del
gobierno cubano, tuvo responsabilidades de carácter militar y
económico (una de sus funciones fue la de Presidente del Banco
Nacional de Cuba) y viajó por Egipto, Sudán, Pakistán, India,
Indonesia y Ceilán, entre otros países. En octubre de 1960, Estados Unidos **decretó** el embargo **comercial** a Cuba y al año siguiente **rompieron** relaciones diplomáticas. Desde varios puestos
políticos y militares, el Che **siguió** su lucha revolucionaria **sin**
descanso durante años, además de escribir **numerosos** artículos
y varios libros donde **volcó** sus ideas y **pensamientos.** Su **carrera**
y funciones políticas **le llevaron** a viajar **por todo el mundo**. Para
poder **seguir adelante** con sus ideales progresistas, **solicitó** a la
Dirección de la Revolución Cubana su **liberación** en las responsabilidades que tenía con ese país para **reiniciar** la **lucha armada**
en solidariedad con los pueblos del mundo.

A finales de 1966 entró clandestinamente a Bolivia para
unirse inmediatamente a un pequeño grupo de combatientes bolivianos, cubanos y de otras nacionalidades. Así, **fundó**
el Ejército de Liberación de Bolivia, instalando una guerrilla
que **pudiera irradiar** su influencia hacia Argentina, Chile,
Perú, Brasil y Paraguay. El 8 de octubre de 1967, a los 39
años de edad, después de **ser apresado** y **ser seriamente herido**, el Che fue ejecutado por soldados bolivianos. En La
Habana, en la Plaza de la Revolución, Fidel Castro informó
a medio millón de **acongojados** cubanos, la **triste noticia**
de la muerte del Comandante Ernesto Che Guevara.

eterno: eterno	
escritor: escritor	
nació/nacer: nasceu/nascer	
sin embargo: entretanto	
no fue/ser: não foi/ser	
conocí/conocer: conheci/conhecer	
donde hoy descansa su cuerpo: onde hoje jaz seu corpo	
podía/poder: podia/poder	
sepultura: sepultura	
contrajo matrimonio/contraer matrimonio: contraiu matrimônio/ contrair	
recuerdos: memórias, recordações	
en torno: sobre	
rector: reitor	
despojaron/despojar: despojaram/ despojar	
cargo: cargo	
mismas afiliaciones: mesmas afiliações	
deportado/deportar: deportado/ deportar	
para morir: para morrer	
de manera extraña: de forma estranha	
año viejo: ano velho, véspera de ano novo	
escuela superior: universidade escola superior	
sufrí /sufrir: sofri/sofrer	
a través de: através de	
estadía: estada	
niebla: névoa (romance hmônimo)	
obra maestra: obra-prima	
ser humano: ser humano	
demonios: demônios	
batallamos/batallar: batalhamos/ batalhar	
después de todo: afinal de contas	

Unamuno, el eterno poeta

ESPAÑA

Este **escritor** inmortal **nació** en Bilbao, España, en 1864. **Sin embargo**, **no fue** allí donde **conocí** su historia sino en la ciudad donde vivió gran parte de su vida y **donde hoy descansa su cuerpo**, Salamanca. Desde mi habitación **podía** ver su **sepultura** y en muchas ocasiones tuve conversaciones imaginarias con él.

En 1891, llegó a esta ciudad donde también **contrajo matrimonio** con Concepción Lizarraga. En su *Diario Íntimo* quedan los **recuerdos** de su amor y sus crisis personales **en torno** a la religión.

En 1900 fue nombrado **rector** de la famosa y antigua Universidad de Salamanca, aunque sus ideas políticas lo **despojaron** del **cargo** 14 años más tarde. Estas **mismas afiliaciones** con el Partido Socialista le llevaron a ser **deportado** a la isla de Fuerteventura, luego a Hendaya y finalmente a París.

Regresó a Salamanca en 1931 **para morir** allí **de manera extraña** el 31 de diciembre de ese mismo año. Su cuerpo y su genio se fueron con el **Año Viejo**.

Cuando estaba en la **escuela superior**, **sufrí** sus agonías **a través de** *San Manuel Bueno, Mártir*. Durante mi **estadía** en Salamanca, descubrí al otro hombre, a quien muchos llamaron loco. Para mí, *Niebla* representa su **obra maestra**. En ella presenta la tragedia realista del **ser humano** y todos los **demonios** y ángeles con los que **batallamos**.

Después de todo, todos tenemos algo de locos, ¿no?

Hispanos para la historia
MÉXICO

Anthony Quinn fue un hispano famoso. **Nació** Antonio Rodolfo Oaxaca Quinn el 21 de abril de 1915 en Chihuaha, México de padre **irlandés** y madre mexicana. **Se movió** a los Estados Unidos **siendo** aun muy pequeño. **En las calles del barrio** al este de Los Ángeles, **vende periódicos y lustra zapatos** para **ayudar** a su familia **antes de convertirse** en uno de los actores más importantes de la nación americana.

Entre sus películas mas destacadas están: *Caminando en las nubes* (*A Walk in the Clouds*) 1995, *Ángelo vengador (Avenging Angelo)* 2002, *El viejo y el mar* (*The Old Man and the Sea*) 1990) y *Onassis* 1998. Hizo un total de 158 películas. También fue productor, director de cine y **ganador** del **premio** Oscar en **varias ocasiones**. Anthony Quinn **murió** el 3 de junio del 2001 **a causa de complicaciones respiratorias**.

Una de sus **citas** famosas **se refiere** a sus **comienzos de su carrera** cuando "*Todos decían que para lo único que servía era para hacer papeles de indio*".

Este hispano **demostró** que era **mucho más grande** y **se convirtió en un inmortal del cine**.

nació/nacer: nasceu/nascer
irlandés: irlandês
se movió/mover: mudou-se/mudar-se
siendo: quando ainda era
en las calles del barrio: nas ruas do bairro
vende periódicos y lustra zapatos: vende jornais e engraxa sapatos
ayudar: ajudar
antes de convertirse: antes de tornar-se
entre sus películas mas destacadas: entre seus filmes mais conhecidos
ganador: vencedor
premio: prêmio
varias ocasiones: várias ocasiões
murió/morir: morreu/morrer
a causa de complicaciones respiratorias: devido a complicações respiratórias
citas: citações
se refiere/refeir: refere-se/referir
comienzos de su carrera: começo de sua carreira
Todos decían que para lo único que servía era para hacer papeles de indio: todos diziam que a única coisa para qual eu servia era fazer papeis de índio.
demostró/demostrar: demonstrou/ demonstrar
mucho mas grande: muito maior
se convirtió en un inmortal del cine: tornou-se um imortal do cinema

Andrés Segovia

ESPAÑA

Andrés Segovia **está considerado** como el padre del movimiento clásico moderno de la guitarra por la mayoría de los **eruditos** modernos. Muchos piensan que sin sus **esfuerzos**, la guitarra clásica todavía se consideraría como un instrumento humilde **del plebeyo**.

La **búsqueda** de Segovia para elevar la guitarra a una posición prominente en el mundo de la música **se inició** a la **temprana edad** de cuatro años. Su **tío le cantaba** canciones en su regazo mientras él **fingía rasguear** una guitarra imaginaria. Afortunadamente había un **luthier cercano** y **entonces** la guitarra **le acompañó** siempre. Aunque su familia lo **desalentó** (según ellos, **debería haber tocado** un instrumento **verdadero**), él continuó persiguiendo su sueño. Segovia **se propuso como meta llevar** los estudios de guitarra a todas las universidades del mundo. Y así fue. Segovia **consiguió** lo que **buscaba**.

Este guitarrista universal dio su primer concierto en España a los 16 años, aunque su debut profesional no llegó hasta los 20. Su programa original **incluyó** transcripciones de Tárrega, así como sus propias transcripciones de Bach y de otros maestros. Muchos músicos **supuestamente serios** creyeron que el **público se reiría** tanto de Segovia, que **tendría** que **salir** del escenario porque **creían** que no se podía tocar música clásica con una guitarra. Sin embargo, Segovia **asombró** a **los asistentes** con su arte. El único problema con el que **se encontró** fue que la guitarra **no podía producir suficiente sonido** como para **llenar** el **salón**.

Con el paso de los años, Segovia **perfeccionó** su técnica experimentando con **maderas** y **diseños** nuevos, para **aumentar** la amplificación natural de la guitarra. **Más adelante**, con la **llegada** de las **cuerdas de nylon**, las guitarras empezaron a producir **tonos más constantes, a la vez** que proyectaban el sonido **más lejos**.

La búsqueda de Segovia le **llevó** a Norteamérica en 1928 para ofrecer su primer concierto en Nueva York. Una vez más, su público **quedó abrumado** con la técnica de su guitarra y la **maestría** de sus manos, **consiguiendo** así que sus disidentes empezaran a apreciar la guitarra clásica. Su **éxito** en la ciudad de los **rascacielos** le **condujo** a otras ofertas para más presentaciones en América y Europa e, incluso, un viaje a Oriente en 1929. Segovia y la guitarra clásica **habían llegado**.

Mientras **viajaba** por el mundo, el músico español y su guitarra **se hicieron** más y más populares. **A partir de entonces**, compositores de todo el mundo **empezaron** a **crear piezas originales** específicas para guitarra.

Asimismo, Segovia **adaptó obras maestras** a la guitarra. De hecho, su trascripción del Chaconne de Bach es una de las piezas más famosas y difíciles de **dominar**. Al escuchar la realizada por el maestro español, **parece** como si la intención de Bach **hubiera sido componerla** originalmente para guitarra en vez de para violín.

Además de crear un **amplio repertorio** y de mejorar la **calidad sonora** de la guitarra, Segovia consiguió **pasar** su **legado** de **conocimientos** a una nueva generación. El compositor español tuvo muchos **alumnos** a lo largo de su carrera. Entre los más famosos se encuentran Christopher Parkening, John Williams, Elliot Fisk y Oscar Ghiglia. Estos discípulos, entre muchos otros, continúan hoy la tradición de Segovia, a la vez que **extienden** la presencia, el repertorio y los límites musicales de la guitarra clásica.

Eduardo Galeano

URUGUAY

Es curioso como a veces **uno no valora** lo que tiene **cerca** hasta el momento en que **se encuentra** ya **demasiado lejos. A pesar de haber nacido** y **crecido** en Uruguay, mi primer contacto con la obra del escritor uruguayo Eduardo Galeano fue **recién cumplidos los 18 años**, durante una **estadía** en Alemania, y gracias a un amigo venezolano que **me prestó** uno de sus libros.

La introducción a Galeano fue nada más y nada menos que con su famosa **obra** *Memorias del fuego*. En esta trilogía el autor describe la historia de América **a través** de pequeñas historias y **personajes**, muchos reales y otros **míticos**. En el primer **tomo incluye mitos y leyendas** indígenas, memorias previas a la **llegada** de los europeos. El segundo tomo **comprende** la historia de las Américas durante el período que va desde la llegada de los españoles hasta **finales** del **siglo** XIX.

Por último, en el tercer tomo, **cubre en detalle** los **acontecimientos** del siglo XX. Esta obra **le valió** el **Premio del Libro Americano** en 1989, y para mí, representó el **redescubrimiento** de América Latina.

Este **escritor, periodista** y poeta uruguayo **saltó a la fama mundial** con su **obra periodística** *Las venas abiertas de América Latina*. En ese gran **trabajo de investigación**, el autor describe lo que años de colonización **dejaron** como **legado** al continente americano. Una de las imágenes **más poderosas** que **utiliza** y que **se ha quedado conmigo** a través de los años **es aquella que** compara a países latinoamericanos con una mano abierta, donde por sus venas las vías de comunicación que los **colonizadores abrieron se drena** al continente de sus riquezas.

Fuerte crítico social y activista, Galeano, que **ha sido traducido** a casi 20 idiomas, es un viejo **defensor** de los **grupos menos privilegiados** de la sociedad. Entre sus trabajos **más conocidos se encuentran** *Días y noches de amor y de **guerra**, Nosotros decimos no, El libro de los **abrazos*** y *Las **palabras andantes***.

Sus intereses son muy **amplios**, **como lo demuestra su libro** *El fútbol a sol y **sombra***, donde habla sobre su **deporte** favorito, o el libro *Patas arriba: la escuela del mundo **al revés***, donde **cuestiona** varios aspectos de la vida moderna. Su libro más reciente **se titula** *Bocas del tiempo* y **abarca** temas tan diversos como el agua, la música y la guerra.

Es imposible estar al día con la obra de un autor tan **prolífico**. Con esa forma tan rica y poética que lo caracteriza, Galeano escribe constantemente. Con innumerables **ensayos** y artículos periodísticos, **nos brinda** su opinión y **mirada crítica acerca** de los diferentes acontecimientos mundiales. A través de sus **preguntas nos lleva a reflexionar**, a pensar; a veces **nos hace reír**, otras, **nos saca una lágrima.**

Exiliado durante la dictadura militar de los años 70 y 80, Galeano **se encuentra instalado actualmente** en su **ciudad natal**, Montevideo. Su casa, **ubicada** en el **barrio** de Malvín, es **fácilmente** identificable por las **pinturas** en rojo que decoran la **fachada** y que son obra del **propio escritor**. Viviendo a tan pocas **cuadras** del Río de la Plata, a Galeano **se le puede ver a menudo caminando a lo largo** de la **rambla**, disfrutando del aire y del **mar**. O **se le puede encontrar** en uno de los **tantos** cafés que **pueblan** las **esquinas** de la ciudad y que, **como él bien dice**, **invitan** a la **charla** y la confesión.

fuerte: forte
ha sido traducido/tranducir: foi traduzido/traduzir
defensor: defensor
grupos menos privilegiados: grupos menos privilegiados
más conocidos: mais conhecidos
se encuentran/encontrarse: estáo/estar
guerra: guerra
abrazos: abraços
palabras andantes: palavras andantes
amplios: amplos
como lo demuestra su libro: como demonstrado em seu livro
sombra: sombra
deporte: esporte
Patas arriba: de pernas pro ar
al revés: ao avesso
cuestiona/cuestionar: questiona/questionar
se titula/titularse: intitula-se/intitular
abarca/abarcar: abrange/abranger
prolífico: prolífico
ensayos: ensaios
nos brinda/brindar: brinda-nos com/brindar, presenteia
mirada crítica: olhar crítico
acerca: sobre
preguntas: perguntas
nos lleva a reflexionar: faz-nos refletir
nos hace reír: faz-nos rir
nos saca una lágrima: faz-nos chorar
exiliado: exilado
se encuentra instalado: vive
actualmente: atualmente
ciudad natal: cidade natal
ubicada: localizada, situada
barrio: bairro
fácilmente: facilmente
pinturas: pinturas
fachada: fachada
propio escritor: próprio escritor
cuadras: quadras
se le puede ver: pode ser visto
a menudo: frequentemente
caminando/caminar: caminhando/caminhar
a lo largo: ao longo
rambla: avenida
mar: mar
se le puede encontrar: pode ser encontrado
tantos: muitos
pueblan/poblar: povoam/povoar
esquinas: esquinas
como él bien dice: como costuma dizer e com razáo
invitan/invitar: convidam/convidar
charla: bate-papo

Examina tu comprensión

La magia de García Márquez, página 88

1. Que carreira García Márquez exerceu antes de começar a escrever?

2. Qual é o estilo dos seus livros?

3. Em que outra carreira García Márquez trabalha?

4. Quais são os escritores favoritos e admirados por García Márquez?

Diego Rivera, página 90

1. Quem foi a mulher na vida de Diego Rivera que o ajudou em suas pinturas políticas?

2. Em que local Rivera tinha um estilo diferenciado de pintura?

3. Seu mural no palácio nacional era baseado em sua interpretação sobre o quê?

4. Quais eram os ideais refletidos nos murais de Diego?

Frida Kahlo, página 92

1. Quando Frida era jovem sofreu um acidente que mudou sua vida. Quais foram as consequências desse acidente?

2. Qual foi o seu primeiro quadro?

3. Com quem Frida casou e como isso mudou sua paixão pela pintura?

Celia Cruz, página 94

1. Além da vocação, qual era a missão de Celia em relação à música?

2. Celia teve a honra de ser a primeira mulher latina a fazer o quê?

3. Celia morreu aos 77 anos com que doença?

Rubén Darío, página 95

1. Darío foi uma criança prodígio que era famosa pelo quê?

Teste sua compreensão

El Che Guevara, página 96

1. Por que Che estudava em casa quando criança?

2. O que ele descobriu enquanto estudava medicina? O que isso o estimulou a fazer?

3. Como e onde Che Guevara morreu?

Unamuno, el eterno poeta, página 98

1. Que função Unamuno exercia na Universidade de Salamanca? O que o levou a deixar essa função?

2. O que tinha no *Diário Íntimo* de *Unamuno?*

Andrés Segovia, página 100

1. Em que idade o amor de Segovia pela música/violão começou? Quando ocorreu o seu primeiro concerto?

2. Segovia encontrou um único problema com seu violão/música. Qual foi esse problema e como solucionou?

3. Segovia adaptou outras obras-primas para o violão. Qual foi a considerada mais famosa e difícil?

Eduardo Galeano, página 102

1. O que é discutido/descrito em cada seção de sua trilogia *Memorias de fogo?*

2. Onde Galeano vive e o que pode ser visto fazendo?

Dime cómo te diviertes y te diré quién eres.

José Ortega y Gasset

Deportes

El arte de imitar a los pájaros

ARGENTINA

A sólo 90 kilómetros de Córdoba capital, **enclavado** en el **corazón** del Valle de Punilla, **se encuentra** uno de los pueblos **más lindos** de esta región: La Cumbre. A 1.100 metros de **altura** **sobre el nivel del mar**, esta **zona serrana se destaca no sólo** por sus incomparables **paisajes de cuento sino también** por su enorme **abanico** de posibilidades para realizar **actividades recreativas** y de turismo aventura. **Sin duda**, la **estrella** en este tema es el **vuelo libre**. Desde **aladeltas** a **parapentes**, pasando por **planeadores**, todo es válido a la hora de **intentar** imitar a las **aves**. **Y lo mejor**: **no hay que hacer ningún curso especial** para el **primer vuelo**, sólo **animarse**.

Para volar en parapente, lo primero es **contactar** con alguno de los **pilotos biplaza** o ir directamente a Cuchi Corral, donde **se encuentran** el antiguo **mirador sagrado** y la **rampa de despegue**. **Allí**, el instructor **proporciona casco** y **detalla** las cuestiones mínimas a tener en cuenta durante la **travesía**. **Una vez** en el aire, los **sentidos se exacerban**, la **mente se pone en blanco** y el **disfrute lo invade** todo. Volar es **flotar**, flotar en el aire. Como una **pluma**, como un pájaro. O como un cóndor, al que por otra parte **no sería** raro **cruzarse** en **mitad del vuelo**.

El **aterrizaje** es suave, **justo al lado** del Río Pintos. Y **si hace calor**, y uno puede **refrescarse** en sus **cálidas aguas**, la gloria es completa.

Acampando en San Felipe
MEXICO

No hay nada como acampar al **aire libre** bajo las **estrellas, fuera** de la ciudad y **gozando** de la **naturaleza.** Uno de los mejores lugares para acampar en México es en las **playas** de San Felipe, **situadas** al norte del estado de Baja California, cerca de Mexicali (México). Con sus playas **calientes,** San Felipe **atrae** a mucha gente que quiere **escapar** de la vida de las **ciudades.** Este lugar es uno de los favoritos para **jugar** en la **arena** y el **mar.**

San Felipe es árido y caliente, y el **terreno** que **lo rodea** es extremadamente desértico, **aunque** este **ambiente solitario** es lo que muchas personas encuentran **relajante.** Aquí **reinan** la **paz** y la **tranquilidad.** El **reloj parece caminar** más **despacio** y uno **se siente** como transportado a otro tiempo, a otro lugar, **alejado** de cualquier preocupación.

Situado al lado del **Golfo** de Baja California, San Felipe **proporciona** una experiencia **encantadora** a aquellos que **disfrutan** del calor. Las aguas del golfo son **tibias** a todas horas del día. Uno puede **nadar** por la noche y **sentir** el agua caliente, o **estirarse** en la arena y **mirar** al **cielo lleno de** estrellas. San Felipe es uno de los mejores lugares para observar las **maravillas** celestiales. No hay muchas **luces** fuera de la ciudad, y el cielo es tan **claro** y lleno de estrellas **brillantes** que en las noches en que no hay **luna,** las mismas estrellas **dan** suficiente luz como para **alumbrar** las playas. Es tan increíble que es difícil de **creer incluso estando** allí.

miles: milhares	
visitan/visitar: visitam/visitar	
buscando/buscar: procurando/procurar	
en verdad: na verdade	
condiciones ideales: condições ideais	
aguas cálidas: águas mornas	
unas 700 millas: umas 700 milhas	
gente amable: pessoas amáveis	
precios razonables: preços razoáveis	
la estación del año: a estação do ano	
algunas de ellas: algumas delas	
especialmente acondicionadas: especialmente acomodadas	
estancia tranquila: estada tranquila	
sin vida nocturna: sem vida noturna	
por lo general: em geral	
más apropiado: mais apropriado	
desde ... hasta: de... até	
por otra parte: por outro lado	
si queremos/querer: se quisermos/ querer	
dirigirnos/dirigir: ir/ir	
tanto....como: tanto... quanto	
en cambio: em contrapartida	
estará en pleno auge: estará em alta temporada	
teniendo en cuenta: levando em conta	
planear: planejar	
siempre hay que pensar: sempre se deve pensar	
elegir: escolher	
excursiones diarias: excursões diárias	
coche de alquiler: carro alugado	
entre ciudades: entre as cidades	
pasaremos más tiempo/pasar: passaremos mais tempo/passar	
carretera: estrada	
debido principalmente a: devido principalmente a	
seguridad: segurança	
cualquier lugar del país: qualquer lugar do país	
índices de criminalidad: índices de criminalidade	
confiados: ingênuos, crédulos	
muy poco frecuentes: muito infrequente, raro	
salpicadero: painel	
reloj: relógio	
antes de ir: antes de ir	

Surfing en Costa Rica
COSTA RICA

Miles de personas **visitan** Costa Rica **buscando** las mejores zonas para practicar el surf. Y Costa Rica reúne **en verdad** las **condiciones ideales** para la práctica de este deporte: **aguas cálidas**, **unas 700 millas** de costa, **gente amable** y unos **precios razonables**. Las zonas para practicar el surf en Costa Rica están definidas por su localización y **la estación del año**. Podemos distinguir cuatro zonas: La Costa Pacífica Norte, con playas como Tamarindo o Playa Negra, **algunas de ellas especialmente acondicionadas** para los surfeadores que prefieren una **estancia tranquila**, **sin vida nocturna**. Esta zona es **por lo general** el destino **más apropiado desde** diciembre **hasta** abril.

Por otra parte, **si queremos** practicar el surf entre los meses de mayo y noviembre, será preferible **dirigirnos tanto** a la Costa Pacífica Sur (Playas de Matapalo o Pavones) **como** a la Costa Pacífica Central (Playa Hermosa, Dominical). **En cambio**, la Costa del Caribe **estará en pleno auge** entre noviembre y marzo. **Teniendo en cuenta** estas características, podemos **planear** nuestras vacaciones, aunque **siempre hay que pensar** que estas diferencias son generales. Una buena idea para disfrutar de nuestro viaje a Costa Rica y practicar el surfing es **elegir** una ciudad, y desde ésta hacer **excursiones diarias** a otras ciudades en **coche de alquiler**. La distancia **entre ciudades** varía entre una hora y diez minutos. Así, **pasaremos más tiempo** en el agua y menos en la **carretera**.

Costa Rica es uno de los países con más turismo, **debido principalmente a** su **seguridad** en prácticamente **cualquier lugar del país**. Sus **índices de criminalidad** son bastantes bajos. Pero no seamos **confiados**, aunque en los hoteles los robos son **muy poco frecuentes**. ¡No es una buena idea guardar en el **salpicadero** del auto nuestro **reloj**, pasaporte u otros objetos valiosos **antes de ir** al agua!

Escalando el Nevado Sajama

BOLIVIA

¿**Quién no pensó alguna vez** en tocar el **cielo** con las **manos**? **Escalar** el Nevado Sajama y llegar a la **cima** es una forma de **sentir algo parecido**. Nevado Sajama es el **pico** más alto del Bolivia. Son 6542 metros de **roca maciza** que se elevan en la provincia de Oruro.

Aunque esta aventura **no es fácil** ni es para cualquiera, el que **se proponga** realizarla y se prepare con varios días de **entrenamiento** y un **buen guía de montaña**. La preparación consiste básicamente en **ejercicios físicos** de aclimatación a la **altura** y una **alimentación adecuada**. Los **entendidos recomiendan pasar** varios días en la base del cerro, y hacer **ascensos** y **descensos** a montañas cercanas **combinándolos** con **días de descanso** y un plan **alimentario energético**. En estas altitudes el clima es riguroso y muchas veces hostil por lo que es muy importante **contar con indumentaria** especial y por supuesto el equipo básico: **arnés de cintura, mosquetones de seguridad** y **calzado de gran adherencia**.

La escalada es un deporte considerado de **alto riesgo**, en el que no sólo se utiliza la **fortaleza física** de **brazos** y **piernas** sino también **destreza técnica** y claridad mental para tomar las decisiones **adecuadas** a cada paso. Es una experiencia fascinante y **única** en la que **se templa** el espíritu, **se construye** una fuerza de **voluntad de acero** y el compañerismo juega un **papel** fundamental.

El fútbol, pasión de multitudes

ARGENTINA

¿Por qué **será** que de **chiquitos**, a los **varones** argentinos, en alguno de sus **cumpleaños** les **regalan** una **pelota de fútbol** o la **camiseta** de algún **equipo**? Si algún padre **intuye** que su hijo desde **temprana edad** tiene **ciertas habilidades** con ese deporte, **hará planes**, **proyectará** ilusiones y **soñará** con **verlo** jugar en su equipo **preferido**.

Los domingos **siempre hay tiempo** para un **picadito** con los amigos, para una **ida al campo** en grupo o, simplemente, para **juntarse** a ver por televisión al equipo de sus sueños. Si todo esto viene luego **acompañado** de un **asado**, **no hay mejor** domingo. Al día **siguiente se comentarán** las **hazañas** o **desaciertos** de cada **jugador** con una pasión **desmesurada**, **como si** en cada relato se jugaran **valores** e ideales importantísimos y **decisivos**. El fútbol en Argentina es pura pasión y emoción, un deporte que pone la **piel de gallina** a sus **aficionados** y que **genera** tensión, alegría, **amargura**, **llanto** y **gritos** entre sus **seguidores**.

Gran parte del fenómeno en que el fútbol **se ha convertido** en Argentina **se lo debemos** a su máximo ídolo, Diego Armando Maradona. "El Pelusa", como **se le conoce mundialmente**, **ha dejado** un **legado sin igual** así como miles de niños que quieren **imitarlo.** Verlo en el campo era ver jugar al mejor. Maradona **mostraba** una habilidad superior con el balón, una **gracia digna de dioses**, una magia de otra dimensión. **Se desplazaba** como quien lo hace suspendido a unos centímetros **del suelo**. El campo era su **hogar**, la pelota una extensión de su **cuerpo**, sus compañeros de equipo un apoyo y sus rivales, obstáculos necesarios, pero **fáciles de sortear**, hasta llegar al gol. El número 10 que llevaba a su **espalda** coincidía, **sin duda**, con la **calidad** de sus habilidades como futbolista.

se ha convertido/convertir: tornou-se/tornar-se

se lo debemos/deber: devemos/dever

se le conoce/conocer: é conhecido/conhecer

mundialmente: mundialmente

ha dejado/dejar: deixou/deixar

legado sin igual: legado inigualável

imitarlo/imitar: imitá-lo/imitar

mostraba/mostrar: mostrava/mostrar

gracia digna de dioses: graça digna dos deuses

se desplazaba/desplazar: mexia-se/mexer-se

del suelo: do chão

hogar: lar

cuerpo: corpo

fáciles de sortear: fáceis de serem esquivados

espalda: costas

sin duda: sem dúvida

calidad: qualidade

NOTA CULTURAL

O nome "Argentina" vem da palavra latina que significa "prata", cuja origem remonta à primeira viagem dos conquistadores espanhóis ao *Río de la Plata*. Os sobreviventes do naufrágio da expedição foram recebidos pelos índios que os presentearam com objetos de prata. As novidades sobre a lendária *Sierra del Plata*, uma montanha rica em prata, chegaram à Espanha por volta de 1524. Desde 1860 o nome oficial do país é *República Argentina*. Quando se ouve alguém falando espanhol na Argentina pode-se perceber o inconfundível sotaque *Porteño*, uma sedutora mistura entre uma expressiva e quase arrastada entonação combinada com uma variedade de coloquialismos. Em Buenos Aires, em particular, você poderá perceber a forte pronúncia do "y" e "ll" como em *yo* e *calle*, um som completamente diferente do fraco som vocálico usado na Espanha e em muitos países hispanofalantes da América Latina. Outra importante diferença é o uso do *vos* como a segunda pessoa do singular no lugar do *tú*. Você também poderá perceber no vocabulário argentino o uso do *che* (vagamente parecido com o "ei" em português, usado no começo das frases: *¿che, que decis?* – "ei, o que você acha?"); isso é algo tão enraizado na Argentina que alguns países hispanofalantes chamam-na de *"Los ches"*, de tão famosa que a palavra é.

comunidad autónoma: comunidade autônoma

país Vasco: país Vasco

hace varios siglos: há vários séculos

en la actualidad: atualmente

no sólo ... sino también: náo só... como também

concretamente: em particular

apuestas: apostas

permitidas: permitidas

es más: além disso

ha llegado/llegar: chegou/chegar

fiesta alegre: festa alegre

se practicaba/practicar: era praticado/ praticar

en realidad: na verdade

hacía referencia: fazia referência

frontón: quadra do Jai Alai

en sí: em si

pelota: bola

posteriormente: depois

empezó a utilizarce: começou a ser usado

quizás: talvez

bases y reglas: normas e regras

a pesar de: apesar de

no todo el mundo: nem todo o mundo

con detalle: em detalhes

no ha sufrido variaciones: náo sofreu

acción: ação

velocidad: velocidade

cancha: quadra

paredes: paredes

aunque: embora

se mencionó/mencionar: foi mencionado/mencionar

anteriormente: anteriormente

hecha de granito: feita de granito

suficientemente sólido: sólido o suficiente

soportar: suportar

golpes: pancadas

por último: por último

pantalla de seguridad: tela de segurança

alambre: arame

El jai alai

ESPAÑA

Este deporte, nacido en la **Comunidad Autónoma** del **País Vasco hace varios siglos,** es **en la actualidad** muy popular **no sólo** en esta región española, **sino también** Latinoamérica y Estados Unidos, **concretamente** en los estados de Florida o Connecticut, donde las **apuestas** están **permitidas. Es más,** incluso **ha llegado** a países como China y Egipto.

El término "Jai Alai" es una palabra de origen Vasco que significa **"fiesta alegre"**, pues este juego **se practicaba** normalmente durante las fiestas anuales. **En realidad**, Jai Alai **hacía referencia,** originariamente, al **frontón**. El juego **en sí** se llama **"pelota"** o "Pelota Vasca". **Posteriormente** el nombre "Jai Alai" **empezó a utilizarse** también para hacer referencia al juego. **Quizás** resulte interesante describir las **bases y reglas** de este juego, pues, **a pesar de** su popularidad, **no todo el mundo** lo conoce **con detalle**. Desde el nacimiento de este juego, hace más de 500 años, **no ha sufrido** muchas variaciones, y sus principales características siguen siendo la **acción** y la **velocidad**.

Jai Alai, o Pelota Vasca, se juega en una **cancha** con tres **paredes**, también llamada frontón (**aunque** su nombre original es Jai Alai, como **se mencionó anteriormente**). La pared principal de la cancha está **hecha de granito** ya que es un material **suficientemente sólido** para **soportar** los **golpes** de la pelota y las otras dos paredes están hechas de cemento. **Por último**, hay una **pantalla de seguridad** hecha de **alambre**, situada en la parte de la cancha sin pared, para proteger a los espectadores.

Los pelotaris, o **jugadores**, tienen que **lanzar** la pelota contra la pared principal **usando** una **cesta de mimbre atada al brazo** del jugador.

El **propósito** de este juego es lanzar la pelota contra la pared **de forma que** el jugador contrario **no pueda golpearla a su regreso**. La pelota, que está hecha de **caucho** y que puede **alcanzar** una velocidad de 230 kilómetros por hora, puede golpear la pared lateral o la posterior, pero nunca la zona de los espectadores. Un **dato muy significativo** es que estas pelotas tienen una vida de **tan sólo** 20 minutos. Con esto, podemos **hacernos una idea** de la fuerza y la velocidad con que se lanzan las pelotas contra el frontón.

Las reglas de juego son **bastante parecidas** a las del tenis. El jugador debe lanzar la pelota **por encima** de la línea de servicio y debe **rebotar** entre las líneas 4 y 7 del frontón. **Si no lo consigue**, el equipo contrario ganará un punto. **La mayoría de** las variantes de Jai Alai se juega a siete puntos, que **se doblan después de la primera vuelta**. Es un **juego de rotación** con ocho jugadores/ equipos. Estos equipos también pueden ser dobles, **es decir, formados** por dos jugadores, uno en la parte **delantera**, y otro en la parte **trasera**. El juego es eliminatorio: el equipo ganador jugará **con el siguiente**, y así sucesivamente **hasta que haya un sólo ganador**.

Esta es una descripción básica, pues **existen** muchas variantes del juego en todo el mundo, **desde** la forma inicial de juego, en el norte de España, **hasta** las reglas **fijadas** en países donde este juego **llegó gracias a** por los emigrantes vascos.

jugadores: jogadores

lanzar: jogar

usando: usando

cesta de mimbre: cesta de vime

atada al brazo: amarrada no braço

propósito: objetivo

de forma que: de forma que

no pueda golpearla: não possa acertá-la

a su regreso: quando voltar

caucho: borracha

alcanzar: atingir

dato muy significativo: dado muito significativo

tan sólo: apenas

hacernos una idea: ter uma ideia

bastante parecidas: muito parecidas

por encima: por cima

rebotar: rebater

si no lo consigue: se não conseguir

la mayoría de: a maioria de

se doblan/doblar: são dobradas/ dobrar

después de la primera vuelta: depois da primeira volta

juego de rotación: jogo rotativo

es decir: ou seja

formados: formados, compostos

delantera: dianteira

trasera: traseira, posterior

con el siguiente: com o seguinte

hasta que haya un sólo ganador: até ter apenas um jogador

existen/existir: há/haver

desde ... hasta: de... até

fijadas: fixadas

llegó/llegar: chegou/chegar

gracias a: graças a

Sierra Nevada, el paraíso blanco
ESPAÑA

Sierra Nevada es la principal **estación de esquí** del sur de Europa y **se encuentra situada** a **tan sólo** 30 kilómetros de la ciudad de Granada, en Andalucía. **Gracias a** su altitud (entre 2.000 y 3.300 metros), se puede **disfrutar** de la **nieve** durante todo el **invierno** y hasta bien entrada la **primavera**, **a veces** incluso hasta el mes de mayo. Hay **posibilidad** de practicar **no sólo** el esquí **sino también** el *snowboard*, el esquí **parapente**, el **patinaje sobre hielo** y **un sinfín de** actividades más. **De hecho**, estas instalaciones **cuentan con** 53 **pistas**, un *snowpark*, 338 **cañones de nieve** y varios restaurantes.

Sierra Nevada **posee instalaciones** de **alta calidad**, con unas **cabinas remontadoras con cabida** para 14 personas. Las **pistas** son **anchas** y con una buena **señalización**, y hay para **todo el mundo**, **tanto** si los visitantes son principiantes (pistas **largas** y con poca **pendiente**) **como** si son expertos **esquiadores** (pistas rojas y negras), **sin olvidar** los **niveles** intermedios: las pistas azules, también largas y **cómodas**. En la década de los 90, estas pistas **acogieron** la final de la Copa de Europa de Esquí Alpino y los Campeonatos del Mundo.

Sin embargo, en Sierra Nevada no sólo se practican deportes de nieve. Para aquellos que quieran algo diferente y que quieran disfrutar de la **naturaleza**, existen actividades variadas como **montar a caballo** o hacer rutas en **bicicleta de montaña**. El **emplazamiento** es ideal, pues **nos encontramos** en el Parque Natural de Sierra Nevada, declarado Reserva de la Biosfera por la UNESCO en 1986. El parque tiene una superficie aproximada de 83.000 hectáreas y **se extiende** por las provincias de Granada y Almería. Posee una **amplia** variedad de **paisajes** y **climas** con una de las diversidades botánicas más importantes de Europa.

Conociendo Guatemala a caballo
GUATEMALA

Una forma diferente de conocer este **hermoso país** es, **sin duda**, **haciendo** una excursión a caballo. Es realmente la forma ideal de combinar el turismo activo con **experiencias únicas**. **No importa si** usted **nunca** ha **montado a caballo** o es un experto.

Los **recorridos** de estas excursiones son muy variados y **se puede** disfrutar de la **belleza** de los **paisajes** y recorrer zonas **no frecuentadas** por el **turismo masivo**. Las posibilidades son innumerables, entre las cuales se puede **citar** las **visitas** a **granjas**, pasar por **pueblos indígenas aislados**, por ruinas coloniales y por **bosques tropicales** y volcanes, o también disfrutar de las espectaculares vistas desde **diversos miradores**, explorar **cuevas** y **dormir bajo las estrellas**.

Actualmente existen diversas ofertas en el **mercado**. Algunas de ellas proporcionan **no sólo** excursiones a caballo, **sino también** diversos itinerarios utilizando **vehículos "todo terreno"**, sin olvidar la oportunidad de **navegar** los **ríos guatemaltecos** en **barca** y visitar interesantes sitios mayas, como Topoxté o Ixtinto. **Recuerde** que siempre será preferible si en la excursión les acompañan **guías bilingües** y en caso de tratarse de una excursión a caballo, es importante que éstos estén bien **alimentados** y **entrenados**.

Una excursión a caballo es la forma perfecta de conocer y **amar** la biodiversidad de las tierras y la cultura de Guatemala.

Finalmente, unos **consejos prácticos**: es conveniente llevar **botas de equitación**, **pantalones largos**, protector solar, **gafas de sol**, **prismáticos**, **ropa para lluvia** y **sobre todo**, lo más importante, **deseo de disfrutar** de un **viaje relajado**, en unos **parajes inolvidables**.

hermoso país: belo país
sin duda: sem dúvida
haciendo/hacer: fazendo/fazer
experiencias únicas: experiências únicas
no importa si: não importa se
nunca: nunca
montado a caballo: montado a cavalo
recorridos: percursos
se puede/poder: pode-se/poder
belleza: beleza
paisajes: paisagens
no frecuentadas/no frecuentar: não frequentadas/não frequentar
turismo masivo: turismo em massa
citar: citar
visitas: visitas
granjas: fazendas
pueblos indígenas aislados: povoados indígenas isolados
bosques tropicales: florestas tropicais
diversos miradores: vários mirantes
cuevas: cavernas
dormir bajo las estrellas: dormir sob as estrelas
mercado: mercado
no sólo...sino también: não só... como também
vehículos todo terreno: veículos o "caminho todo"
navegar: navegar
ríos guatemaltecos: rios guatemaltecos
barca: bote
recuerde/recordar: lembre/lembrar
guías bilingües: guias bilíngues
alimentados/alimentar: alimentados/alimentar
entrenados/entrenar: treinados/treinar
amar: amar
consejos prácticos: conselhos práticos
botas de equitación: botas de equitação
pantalones largos: calças compridas
gafas de sol: óculos de sol
prismáticos: binóculos
ropa para lluvia: roupa de chuva
sobre todo: principalmente
deseo de disfrutar: desejo de aproveitar
viaje relajado: viagem relaxante
parajes inolvidables: locais inesquecíveis

El senderismo en el Perú
PERU

Seguir senderos zigzagueantes, pasar por **angostos puentes abismales hechos de soguillas**, **cruzar** ríos **caudalosos**, **atravesar** desiertos, ascender montañas, **bajar colinas** o **abrirse paso** por una tropical **selva** son solamente algunas de las emociones que **nos ofrece** el senderimo en la increíble geografía peruana.

El Perú, **mítico país** de los in- cas, **no sólo** es conocido por su **milenaria** cultura y sus fabulo- sas construcciones prehispáni- cas **sino** que, gracias a la incom- parable belleza de sus paisajes, es también un **auténtico edén** para los **caminantes**. Este país sudamericano es excelente para los amantes del senderismo ya que cuenta con elementos **de sobra** para la práctica de este deporte: una **costa bañada de tranquilas aguas**, una sierra cruzada por montañas, varios ríos y una selva amazónica.

Las **sendas** del Perú ofrecen **interminables** alternativas y muchas combinaciones **geniales** para caminantes de **todos los niveles** de experiencia. **Existen** caminos con diferentes grados de dificultad para este deporte. Uno puede **recorrer** senderos **apacibles** o atravesar desiertos, **llanuras**, **cañones**, **cerros**, **bosques**, **cataratas** y selvas. **Todo depende del** grado de aventura, **riesgo** y emoción que **desee** experimentar. Otra gran alternativa es **seguir** el famoso Camino Inca.

Los incas **no conocieron** el **caballo** y **tampoco** la **rueda** por **lo que hicieron a pie** todo viaje o recorrido. Este pueblo fue caminante por excelencia. Como toda gran civilización, los andinos contaban con una **compleja red de caminos** que llegaron a **alcanzar** 16.000 kilómetros.

Los incaicos **construyeron trochas** y senderos de **piedra** que **cruzaban** montañas, **sitios desolados** y frías **punas**. Estas **vías peatonales** variaban en **calidad y tamaño**. Algunas sendas podían ser de seis u ocho metros de **ancho** y otras de sólo un metro de **anchura**. Generalmente estas rutas se hacían en **línea recta**, aunque sí contaban con **escalinatas**, veredas **inclinadas** y **túneles abiertos** en roca viva.

El **tramo** más conocido de esta **arteria** de comunicaciones fue el llamado Camino Inca que **se encuentra** en el Cuzco. **Fue descubierto** por Hiram Bingham entre 1913 y 1915. Este famoso **trayecto nace** en el kilómetro 88 de la **línea férrea** que va de la ciudad del Cuzco a Machu Picchu, desde donde uno baja del tren y parte a pie. La versión clásica de esta caminata puede **durar** cuatro días, pero existen otras alternativas que duran uno o dos días de viaje.

Actualmente **decenas** de **miles** de turistas llegan cada año a Cuzco para recorrer este paso. La **riqueza** de la flora y fauna, los exquisitos paisajes a 4.000 metros de altura, los senderos rodeados de vegetación selvática y los **escondidos restos** arqueológicos incaicos que se encuentran por el itinerario son sólo parte de esta experiencia para el caminante. Sin duda, el **premio** más fabuloso es **concluir** esta aventura llegando a las ruinas de Machu Picchu, la **joya** arqueológica de América.

---

no conocieron/conocer: não conheciam/conhecer
caballo: cavalo
tampoco: muito menos
rueda: roda
lo que hicieron/hacer: fizeram/fazer
a pie: a pé
compleja: complexa
red de caminos: rede de caminhos
alcanzar: alcançar
construyeron/construir: construíram/construir
trochas: trilhas
piedra: pedra
cruzaban/cruzar: atravessavam/atravessar
sitios desolados: locais desérticos
punas: planícies
vías peatonales: rotas de pedestres
calidad y tamaño: qualidade e tamanho
ancho: largo
anchura: largura
línea recta: linha reta
escalinatas: escadas
inclinadas: inclinadas
túneles abiertos: túneis abertos
tramo: trecho
arteria: artéria
se encuentra/encontrarse: está situado/situar
fue descubierto/descubrir: foi descoberto/descobrir
trayecto: trajeto, rota
nace/nacer: começa/começar
línea férrea: via férrea
durar: durar
decenas: dezenas
miles: milhares
riqueza: riqueza
escondidos/esconder: escondidos/esconder
restos: restos
premio: prêmio
concluir: terminar
joya: joia

Examina tu comprensión

Imitar a los pájaros, página 108

1. Que tipo especial de treinamento é necessário para voar de parapente na Argentina?

2. Há uma popular rampa de decolagem em direção a Cuchi Corral. O que faz esse lugar ser único?

3. Ao flutuar no ar sobre essa área, onde o voo termina com uma suave aterrissagem maravilhosa?

Acampando en San Felipe, página 109

1. San Felipe é um dos mais populares locais para acampar no México. Onde está localizado?

2. Embora San Felipe tenha lindas praias quentes, que tipo de terra cerca essa área?

3. À noite San Felipe é um dos melhores lugares para observar o quê?

Surfing en Costa Rica, página 110

1. Que condições tornam o surfe ideal na Costa Rica?

2. Que meses e locais são melhores para surfar?

3. Qual é o conselho prático dado no final desse artigo?

El fútbol, página 112

1. Qual é o presente de aniversário ideal para os meninos argentinos?

2. Qual é o passeio dominical popular na Argentina?

3. Que tipos de emoções são geradas pelo futebol?

Teste sua compreensão

El jai alai, página 114

1. Qual é a origem e o significado do termo *Jai Alai?* Que outro nome pode ser dado para o jogo?

2. Quais são as principais características do jogo?

3. Descreva a quadra do *Jai Alai*.

4. As regras do *Jai Alai* são parecidas com qual esporte?

Sierra Nevada, página 116

1. Qual é a melhor época para esquiar em Sierra Nevada?

2. Como as pistas estão marcadas para indicar os níveis?

3. Que outras atividades podem ser feitas na montanha?

El senderismo en el Perú, página 118

1. O que faz do Peru um excelente local para fazer trilha?

2. Do que depende o tipo de trilha escolhida?

3. O que faz um povoado indígena ser um excelente lugar para caminhar?

4. O famoso "*Camino Inca*" pode levar quantos dias?

La música es el arte más directo,
entra por el oído y va al corazón.

Magdalena Martínez

Música

estilos: estilos

tan populares: tão populares

han saltado fronteras: saltou (atravessou) fronteiras

importar: importar

fácilmente: facilmente

reconocible: reconhecível

debido a: devido a

en cuanto a: quanto a

creencia: crença

se trata de/tratarse: trata-se de/tratar

parecido: parecido

nos recuerda/recordar: lembra-nos/lembrar

rayador de queso: ralador de queijo

cara: face

adoran/adorar: adoram/adorar

cualquier lugar: qualquer lugar

en cuanto a: quanto a

temas: temas

versan/versar: versam/versar

originariamente: originariamente

género: gênero

fuera dado a conocer/dar a conocer: foi lançado/lançar

medios de comunicación: meios de comunicação

base: base

actual: atual

focos: focos

por la tarde: pela tarde

más tarde: mais tarde, depois

comenzaron/comenzar: começaram/começar

acelerar: acelerar

nuevo paso de baile: novo passo de dança

pasó a ser/pasar a ser: passou a ser/passar a ser

Bailando al son de merengue
REPÚBLICA DOMINICANA

Estos dos **estilos** de música dominicanos **tan populares han saltado fronteras** y ahora nos invitan a bailar sin **importar** dónde estemos.

El merengue es **fácilmente reconocible debido a** su ritmo rápido de 2/2 y 2/4. Hay varias opiniones **en cuanto a** sus orígenes, pero la **creencia** más común es que **se trata de** una combinación de elementos africanos y europeos. Los instrumentos utilizados para el merengue son el melodeón (instrumento **parecido** al acordeón), la güira (cuya apariencia **nos recuerda** a un **rayador de queso**), y la tambora (un tambor de doble **cara**). Los dominicanos **adoran** el merengue y es normal verles bailando y cantando este ritmo en **cualquier lugar**.

En cuanto a la bachata, este estilo tiene un ritmo más melancólico de 4/4 y los **temas** que trata **versan** sobre la vida rural y las relaciones entre hombres y mujeres. **Originariamente**, y antes de que este **género fuera dado a conocer** por la industria discográfica y los **medios de comunicación,** los tríos y cuarteros de guitarra (**base** de la **actual** bachata), servían como informales **focos** de reunión en casas y patios, normalmente los domingos **por la tarde**. Durante los años 60, este estilo estaba clasificado como una subcategoría de la música de guitarra, pero algunas décadas **más tarde**, sus músicos **comenzaron** a **acelerar** el ritmo y se creó un **nuevo paso de baile**. Fue así como la bachata **pasó a ser** considerada música de baile.

Los instrumentos musicales

VENEZUELA

Venezuela tiene una tradición muy **rica** en lo que **se refiere** a música, danza y fiestas populares, ya que en todas estas expresiones **se mezclan** la tradición indígena, afro-venezolana y **criolla**. Esa **suma** de varias culturas hace que el **resultado** sea un **legado verdaderamente próspero**. Si hablamos de música, Venezuela **se destaca** por el gran **desarrollo** que cada comunidad hizo de los instrumentos musicales artesanales y tradicionales utilizados para acompañar bailes y cantos en celebraciones, fiestas y ceremonias religiosas. **Se pueden encontrar** más de 100 tipos, subdivididos en **instrumentos de viento** o **aerófonos**, de **cuerda** o **cordófonos**, los **construidos** con una membrana o membranófonos y los idiófonos.

Algunos ejemplos de aerófonos son: la **flauta** en diferentes formas y materiales; una trompeta construida con una **concha de caracol marino llamada** guarura con un orificio en la parte superior que **le sirve** de **boquilla**; el ovevi mataeto, hecho con un **cráneo de venado** con **cuernos**, **recubierto** con **cera** negra y un solo orificio en la base para emitir el **soplo**; y el isimoi o pito grande, una especie de clarinete hecho con un **tubo grueso** de **hoja de palmera**. **Dentro de** los cordófonos existen, entre otros, el arpa aragüeña con 35 cuerdas; el bandolín o mandolina que es un **laúd** con ocho cuerdas; y el cuatro venezolano, una guitarra pequeña de cuatro cuerdas que se usa en **casi todas** las festividades religiosas y **profanas**. El furruco es un membranófono hecho con una **lata** y una membrana de cuero **atada** y **tensada** con cuerdas, que **se frota** con un **palo** hasta transmitir una vibración o **sonido**. La mina y la curbata son tambores hechos con un **tronco de aguacate** y una membrana de cuero de **venado**, que **se ejecutan** siempre juntos y acompañan el canto y el baile que **se realizan** durante la celebración de la fiesta de San Juan Bautista en la región de Barlovento. Los idiófonos son instrumentos musicales cuyo sonido se produce por la vibración del **propio** material del que **se componen** al ser **golpeados**, **rascados** o **frotados**. En este caso, los distintos tipos de maracas son usadas en fiestas y principalmente en **rituales chamánicos**. **Dan ganas de tocar algo, ¿no?**

El arte flamenco
ESPAÑA

La palabra "flamenco" **se suele** identificar con una guitarra, el pueblo **gitano**, las **palmas** y el **zapateao**. **Ciertamente**, todos estos son **símbolos típicos** del flamenco, aunque **se podría decir** que son sólo la **apariencia**. El flamenco es mucho más, es un arte que **se manifiesta en** el baile, en el **cante** y la guitarra. **Sin embargo**, en mi opinión, hay algo no tangible que **lo hace** muy especial: el **sentimiento**.

Sobre los orígenes del flamenco existe una gran controversia pues, **en realidad**, los textos más antiguos **en los que se hace referencia** a este arte son del siglo XVIII. Aunque está **claro que** su **lugar de nacimiento** fue Andalucía, existen

varias teorías sobre sus creadores. Una de ellas identifica a la **raza gitana**, que llegó a la Península Ibérica **procedente de** la India en el siglo XIV, aproximadamente. Otros **estudiosos consideran** que el flamenco es una **mezcla de** todas las culturas existentes en el sur **de lo que hoy llamamos** España, la bizantina, la **judía** y la **musulmana**. Otras teorías hablan del origen musulmán, **debido a** la dominación árabe del sur **durante casi** ocho siglos. **En definitiva, la mayor parte de** las personas que han estudiado este tema opinan que el pueblo gitano fue el **principal precursor**, pero que su arte se vio muy influenciado por la cultura que **les rodeaba** en esa región de la Península.

En la historia del flamenco existen tres **puntos principales**, **relacionados** con las **ciudades** de Cádiz, Triana y Jerez de la Frontera, donde **nacieron** las principales escuelas. Aquí comienza este arte, **tal y como** se conoce hoy, pues hasta ese momento, el flamenco era algo popular, sin **reglas** fijas, **nacido** del sentimiento y para expresar emociones.

Al principio, el flamenco era **sólo** cante, **es decir**, no existía **ni** el acompañamiento de guitarra **ni** el baile. Sólo **se seguía** el ritmo con las palmas. **Posteriormente,** durante lo que se conoce como "la **edad dorada** del flamenco" entre la **última mitad** del siglo XIX y principios del XX, el flamenco **adoptó** su **forma actual** al **incluir** instrumentos y baile. **Empezaron** a **proliferar** los cafés cantantes, momento en el que nacieron todas las variantes de este hermoso arte. Estos cafés evolucionaron **a mediados** del siglo XX **hasta convertirse** en los actuales **tablaos**. Así, **poco a poco**, el flamenco se fue extendiendo internacionalmente hasta el punto de **ser mostrado** en festivales y teatros.

En el flamenco actual, el **papel** de la guitarra y del **guitarrista** puede ser **no sólo** de acompañamiento, **sino también** de solista. Es el caso del gran Paco de Lucía, o de Manolo Sanlúcar, **verdaderos** revolucionarios de la guitarra flamenca.

Así, algo tan popular en sus **comienzos** es **hoy en día** un arte único y universal.

nuevo estilo: novo estilo	
música latina bailable: música latina dançante	
mezcla de: mistura de	
jamaiquino: jamaicano	
la bomba y la plena: nomes das danças tradicionais	
posee el ritmo básico: tem o ritmo básico	
algunas de: algumas de	
además: além de	
tambores: tambores	
esto lo hace/hacer: isto faz com que seja/fazer	
pegajoso: pegajoso, próximo	
se dirige/dirigir: é direcionado/direcionar	
jóvenes: jovens	
líricas: letras	
exponen/exponer: expõem/expor	
calles: ruas	
por supuesto: com certeza	
hablan del/hablar: falam do/falar	
algunas veces: algumas vezes	
conocido/conocer: conhecido/conhecer	
término alusivo: termo que se refere	
la manera: a maneira	
emplea/emplear: emprega/empregar, usar	
movimientos de caderas: movimento das cadeiras, quadris	
algunos consideran: alguns consideram	
se baila/bailar: é dançado/dançar	
pegando el cuerpo con otro: colando um corpo no outro	
ejerciendo/ejercer: exercendo/exercer	
rozando/rozar: roçando/roçar, tocar	
frente, lado o espalda: frente, lado ou as costas	
hasta abajo: até embaixo	
hasta llegar al suelo: até o chão	
promueve/promover: promove/promover	
estilo de vestimenta: estilo de roupa	
mahones de piernas anchas: jeans com as pernas largas	
camisetas tropicales: camisetas tropicais	
calzado deportivo: sapato esportivo	
tatuajes: tatuagens	

El reguetón está "rankeao"
PUERTO RICO

El reguetón es un **nuevo estilo** de **música latina bailable** que nació en Puerto Rico hace aproximadamente 10 años. Es una **mezcla de** rap, hip hop y reggae **jamaiquino**, con la influencia de ritmos típicamente puertorriqueños como **la bomba y la plena**. **Posee el ritmo básico** del reggae y **algunas de** las tendencias vocales del hip hop. **Además**, incluye los sonidos de **tambores** derivados de la bomba y plena. **Esto lo hace** ser un ritmo bien **pegajoso** y de gran popularidad entre la juventud hispana.

El reguetón **se dirige** principalmente a los **jóvenes**. Sus **líricas exponen** la realidad de las **calles**, hacen críticas sociales y, **por supuesto**, **hablan del** amor y la pasión. **Algunas veces** es también **conocido** como *perreo*, **término alusivo** a **la manera** de bailarlo que **emplea movimientos de caderas** que **algunos consideran** eróticos.

El *perreo* **se baila pegando el cuerpo con otro**, **ejerciendo** diferentes movimientos y **rozando** de **frente, lado o espalda** a la otra persona. Se puede hacer el famoso paso de "**hasta abajo**" que consiste en mover la pelvis suavemente **hasta llegar al suelo**.

El reguetón también **promueve** un **estilo de vestimenta** y una nueva forma de expresión verbal. La moda del reguetón incluye **mahones de piernas anchas, camisetas tropicales** en tamaños grandes, **calzado deportivo** tipo canvas y en algunos casos **tatuajes** y *body piercing*.

El reguetón también se caracteriza por tener una **jerga muy callejera**, **llena de** anglicismos y con un vocabulario propio que incluye **palabras** como:

- pichaera – ignorar
- guerlas o gatas – **muchachas**
- guillao – **orgulloso** y **presumido**
- flow – **estilo**
- yales – **mujeres**
- gata fina – una chica **conservadora**
- corillo – grupo de personas
- rankearse – **subir de categoría**
- **perrear**

El **gusto** por este peculiar ritmo **ha crecido enormemente** y está **alcanzando** ya un importante reconocimiento internacional. **Se ha hecho popular** en otras islas del Caribe y **naciones vecinas**, entre ellas la República Dominicana, Panamá, Nicaragua, Méjico, Colombia y algunas regiones de Cuba. **Ya ha comenzado a escucharse** en los Estados Unidos, particularmente en Florida, Nueva York y Miami **debido a** la gran concentración de puertorriqueños e hispanos **que habitan** en estas regiones.

En la actualidad, Tego Calderón, Daddy Yankee, Ivy Queen, Nikky Jam y Don Omar son algunos de los más importantes **exponentes** del reguetón en Puerto Rico y Latinoamérica. Sus **conciertos se llenan a capacidad** y sus discos **se venden** como **pan caliente**. **Definitivamente**, este **género** de rápido **crecimiento promete seguir cautivando** a muchos. **Es por esto** que hacemos **un llamado** a todas las *guerlas* y chicos **que quieran** *rankearse* para que **se unan** al *corillo* y **aprendan** a *perrear* al ritmo del reguetón.

jerga muy callejera: gíria de rua
llena de: cheia de
palabras: palavras
muchachas: garotas
orgulloso: orgulhoso
presumido: presumido, presunçoso
estilo: estilo
mujeres: mulheres
conservadora: conservadora
subir de categoría: subir de categoria
perrear: termo usado pelos portoriquenhos sobre a forma como o reguetón é dançado.
gusto: gosto
ha crecido/crecer: cresceu/crescer
enormemente: muito
alcanzando/alcanzar: atingindo/atingir
se ha hecho popular: tornou-se popular
naciones vecinas: nações vizinhas
ya ha comenzado a escucharse: já começou a ser escutado
debido a: devido a
que habitan/habitar: que vivem/viver
exponentes: expoentes
conciertos: concertos
se llenan a capacidad: ficam lotados
se venden/vender: são vendidos/vender
pan caliente: pão quente
definitivamente: definitivamente
género: gênero
crecimiento: crescimento
promete/prometer: promete/prometer
seguir: continuar
cautivando: cativando/cativar
es por esto: é por isso
un llamado: chamado, convocação
que quieran/querer: que queiram/querer
se unan/unir: se unirem/unir-se
aprendan/aprender: aprenderem/aprender

El tango: pasión en la pista
ARGENTINA

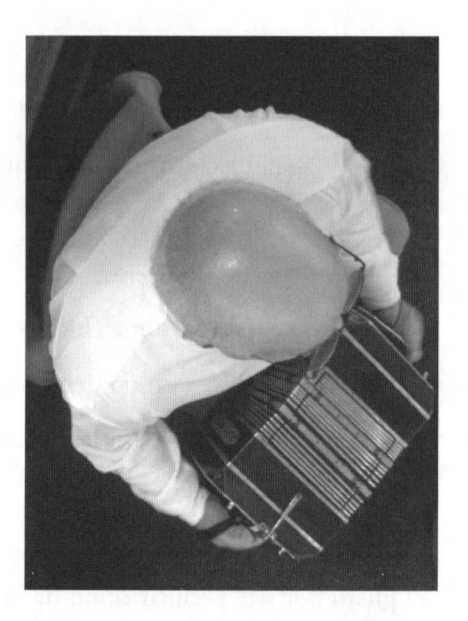

"Mi Buenos Aires **querido**, cuando yo **te vuelva a ver**, **no habrá** más **penas ni olvido**" **cantaba** Carlos Gardel. "El Zorzal" o "El Mudo", como **lo llamaban cariñosamente**, fue el **cantante** argentino más importante y una de las figuras más representativas del tango.

Además de baile, música, canción y poesía, el tango es sobre todo un fenómeno cultural y la **marca indiscutible** del ser **porteño**.

LOS COMIENZOS

Este género musical nació en la **ribera** del Riachuelo a **principios** de 1880 en un **escenario** particular. En esa **época**, Buenos Aires era una ciudad en expansión con un gran **crecimiento demográfico** producto de la inmigración de muchos **países** de Europa como Italia, España, Francia, Alemania o Polonia. Estos inmigrantes eran principalmente **hombres: marineros, artesanos, peones** y otros trabajadores que habían **abandonado** a sus familias **en busca de** nuevas y mejores posibilidades de vida en **otro** continente. Para **mitigar** su **soledad frecuentaban burdeles** y **lupanares**, donde diferentes **agrupaciones** de músicos **improvisaban** melodías con **flauta**, violín y guitarra.

Así **se empezó** a bailar el tango, al principio sólo entre hombres, y luego **junto a** las mujeres **del lugar**. Los primeros tangos **carecían de letra**, pero **posteriormente** algunos músicos **añadieron** canciones a los **acordes** que **describían** el ambiente en el que se encontraban, unas escenas a menudo un tanto obscenas o que **demostraban** poca educación. Por esto, y **debido a** su origen en los **ambientes prostibularios,** el tango **fue considerado** durante mucho tiempo una música prohibida.

LOS AÑOS DE GLORIA

Con el tiempo, los **lugares de baile fueron cambiando**. El tango llegó a los barrios y comenzó a bailarse en **salones públicos**, patios de casas particulares y **grandes galpones**. La década de 1940 **quedó grabada** en la historia del tango como su **época de oro**. El cantante **adquirió** más **protagonismo** en la orquesta, transformándose en un instrumento más de la misma. Y las letras **asumieron** un **nuevo perfil**: en sus versos le cantaban al amor y a la mujer en un tono diferente, más poético que en sus **inicios** y **exaltando** la ciudad, el barrio y los **protagonistas del baile.**

UN PRESENTE DE ÉXITO

Hoy, el tango **ha traspasado fronteras** y barreras culturales y su música y su baile **se disfrutan alrededor** del mundo. En casi todos los países existen academias o salones donde **avezados** bailarines demuestran sus habilidades y donde la música, seductora y melancólica, **les transporta** a otras épocas.

actualmente: atualmente	
unos de los Bailes más típicos: um dos bailes mais típicos	
son conocidas: são conhecidas	
incluso: até mesmo	
bailaores: dançarinos	
Japón: Japão	
ritmo: ritmo	
sensualidad: sensualidade	
hacen que nuestros pies y brazos se muevan al ritmo: fazem com que nossos pés e braços se mexam com o ritmo	
letras: letras	
producen alegría/producir: produzem alegria/produzir	
melancolía: melancolia	
tantas emociones: tantas emoções	
veamos/ver: vejamos/ver	
brevemente: brevemente	
a partir de: a partir de	
fundación: fundação	
Feria de Abril: feira de abril	
seguidilla: seguidilha, dança popular espanhola em compasso ternário que se apresenta sob várias formas e em diferentes regiões	
fue llamada: foi chamada	
más tarde: depois	
aparición: aparição	
grabaciones de discos: gravações em disco	
nuevos grupos: novos grupos	
cruzaron las fronteras: atravessaram as fronteiras	
El Adiós: o adeus	
nacen nuevas sevillanas: nascem novas sevilhanas	
cada año: cada ano	
mejor dicho: melhor dito	
no cambian mucho: não mudam muito	
regla general: regra geral	
cómo bailan los demás: como os outros dançam	
perder la vergüenza: perder a vergonha	
pasarlo lo mejor posible: aproveitar o máximo possível	
alma: alma	
usted se divierte: você se diverte	
viendo y oyendo: vendo e ouvindo	
aprender: aprender	
seguramente: com certeza	
manzanillas: tipo de vinho	
harán que: farão com que	
se pierda la vergüenza: perca a vergonha	

Las sevillanas
ESPAÑA

Las sevillanas son **actualmente unos de los bailes más típicos** de España, y **son conocidas** internacionalmente. ¡**Incluso** hay "**bailaores**" y "bailaoras" en **Japón**! Y es que las sevillanas son más que música y danza; su **ritmo y sensualidad hacen que nuestros pies y brazos se muevan al ritmo**; sus **letras producen alegría**, **melancolía**, **tantas emociones**.

Veamos brevemente la historia de las sevillanas. **A partir de** la **fundación** de la **Feria de Abril** de Sevilla, la **seguidilla** sevillana (posiblemente con orígenes en la antigua Castilla) **fue llamada** Sevillana. **Más tarde**, con la **aparición** de las **grabaciones de discos**, en los años 60, las sevillanas fueron conocidas en toda España, con **nuevos grupos** como "Los del Río" o "Los Marismeños".

Durante los años 80 y 90, las sevillanas **cruzaron las fronteras** españolas. Una de las más famosas es "**El Adiós**", de "Los amigos de Gines". Actualmente, **nacen nuevas sevillanas cada año**; **mejor dicho**, nuevas letras, pues la música y el ritmo, la base de las sevillanas, **no cambian mucho**. Una **regla general** para el visitante a la Feria de Abril en Sevilla es, primero, ver **cómo bailan los demás**, y luego, **perder la vergüenza** y **pasarlo lo mejor posible**. Este es el **alma** de la Feria.

Usted se divierte viendo y oyendo a los demás, y viceversa. No es necesario **aprender** este baile en una academia, y **seguramente**, unas tapas y más de dos **manzanillas harán que**... ¡**se pierda la vergüenza**!

Es como una fiesta en familia, pero en un **entorno lleno de ritmo**, **palmas** y el color de los **trajes de faralaes**. Las sevillanas tienen un formato bien definido: **se componen de** 4 partes (La **Primera** o entrada, La **Segunda**, La **Tercera** y La **Cuarta**). **Cada una** de estas partes tiene 3 **versos** (o coplas). **A continuación** está la letra de una de las sevillanas más conocidas: El Adiós.

El Adiós
(La primera o entrada)
Algo se muere en el alma **cuando** un **amigo se va**

(La segunda)
Cuando un amigo se va
algo se muere en el alma
cuando un amigo se va
algo se muere en el alma
cuando un amigo se va

(La tercera)
cuando un amigo se va
y **va dejando** una **huella**
que no se puede borrar
y va dejando una huella
que no se puede borrar

(La cuarta)
No te vayas todavía,
no te vayas por favor
no te vayas todavía
que **hasta la guitarra mía llora**
cuando **dice** adiós.

En este caso, la letra es **triste**, **pues habla de** la **despedida** de un amigo.

En conclusión, la experiencia de **oír** una sevillana, y de **ver cómo se baila**, es **única**. Incluso para **aquellos que no hemos nacido rodeados** por esta forma de **vivir** la **vida**.

---

entorno lleno de ritmo: ambiente cheio de ritmo
palmas: palmas
trajes de faralaes: trajes com babados
se componen de/componer: são compostas de/compor
primera: primeira
segunda: segunda
tercera: terceira
cuarta: quarta
cada una: cada uma
versos: versos
a continuación: a seguir
algo: algo
se muere/morir: morre/morrer
cuando: quando
amigo: amigo
se va/ir: se vai/ir
va dejando/dejar: vai deixando/deixar
huella: rastro
que no se puede borrar: que não pode ser apagado
no te vayas: não vá
hasta la guitarra mía: até o meu violão
llora/llorar: chora/chorar
dice/decir: diz/dizer
en este caso: neste caso
triste: triste
pues habla de: pois fala de
despedida: despedida
oír: ouvir
ver cómo se baila: ver como é dançada
única: única
aquellos que no hemos nacido: aqueles que não nasceram
rodeados/rodear: cercados/cercar
vivir: viver
vida: vida

viene/venir: vem/vir
conjunto: banda
trompetas: trompetes
vihuela: tipo de violão
de vez en cuando: às vezes
arpa: harpa
guitarra de golpe: violão (variação mexicana)
tipo: tipo
en forma de: em forma de
cuello corto: pescoço curto
barriga: barriga
parte de atrás: parte de trás
toca/tocar: toca/tocar
bajo: baixo
junto con: junto com
imparte/impartir: transmite/transmitir
mientras: enquanto
vestimenta: traje
charro: cavaleiro
traje: traje
vaqueros: caubóis, vaqueiros
botas: botas
sombrero: chapéu
moño: gravata-borboleta
corbata: gravata
chaleco: jaleco
chaqueta corta: jaqueta curta, bolero
ajustados: justa
correa: cinto
ancha: largo
botones: botões
brillantes: brilhantes
lados: lados
bodas: casamentos
fiestas de cumpleaños: aniversários
días festivos: feriados
serenatas: serenatas
servicios religiosos: serviços religiosos
forman parte/formar parte: compõem/compor
ha sido/ser: foi/ser
películas: filmes
aún: ainda
se puede/poder: pode ser/poder
escuchar: ouvida/ouvir
en vivo: ao vivo

El mariachi
MÉXICO

La música mariachi es una de las tradiciones más memorables de México. El nombre "mariachi" **viene** originalmente de los indios coca y significa "música". La música de mariachi es música folclórica de México y se considera una de las formas musicales más románticas del mundo. Un **conjunto** completo de mariachi tiene tres o más violines, dos **trompetas**, una guitarra, una **vihuela** y un guitarrón. **De vez en cuando** también se usan el **arpa** y la **guitarra de golpe**. El guitarrón es un **tipo** de instrumento **en forma de** guitarra pero con un **cuello corto** y una **barriga** grande en la **parte de atrás**. Este instrumento **toca** la parte de **bajo** y, **junto con** la vihuela, otra variante de la guitarra, **imparte** el ritmo distintivo del sonido mariachi **mientras** los violines, las trompetas y la guitarra tocan la melodía y la parte segunda o harmonía. Normalmente, todos los músicos cantan pero a veces hay un solista.

La **vestimenta** del mariachi es de tipo **charro**, similar al **traje** que usan los **vaqueros** mexicanos pero mucho más elegante. Este traje típico normalmente está formado por **botas**, un **sombrero** grande, un **moño** o **corbata**, un **chaleco** o **chaqueta corta**, pantalones bien **ajustados** con una **correa ancha** y botonaduras o **botones brillantes** en los **lados** de los pantalones. Las bandas mariachi usualmente tocan en las **bodas**, **fiestas de cumpleaños, días festivos, serenatas** y **servicios religiosos**.

Algunas canciones populares de mariachi son: *Las Mañanitas, Cielito Lindo, México Lindo, Guadalajara, El Rey* y muchas más que **forman parte** del repertorio de cualquier grupo mariachi. Unos cantantes famosos de mariachi son Pedro Infante, Vicente Fernandez, Javier Solis y Jorge Negrete.

La música mariachi **ha sido** usada en muchas **películas** mexicanas y **aún se puede escuchar en vivo** en muchos restaurantes mexicanos.

Los gamberros universitarios

ESPAÑA

Son la representación más **gamberra** de las universidades españolas, pero **a sus espaldas llevan** una tradición **centenaria**. Los **tunos**, **ataviados** con sus **capas** y sus **pantalones bombachos** negros, **llenan** con su **alegre** música la noche de las ciudades universitarias. Los tunos del siglo XXI son **herederos** de una antigua tradición que **se remonta** al siglo XIII. En el año 1212, bajo el **reinado** de Alfonso VIII, **se fundó** en Palencia el primer *Studium Generale*, **precedente** de las futuras universidades. A estos Estudios Generales, y a los que se crearon por todo el país, **acudían** también jóvenes de pocos **recursos económicos**, a los que se conocía como "sopistas".

Los sopistas eran estudiantes **pobres** que con su música, su **simpatía** y su **picardía recorrían** conventos, calles y plazas **a cambio de** un plato de sopa (de ahí proviene su nombre) y de unas **monedas** que **les ayudaran** a pagar sus estudios. Además de sus instrumentos siempre llevaban **consigo** una **cuchara** y un **tenedor de madera**, lo que **les permitía** comer en cualquier lugar donde tenían ocasión. Estos **cubiertos** de madera **siguen siendo** hoy en la **actualidad** el símbolo de todas las tunas universitarias.

Las tunas, **tal cual las conocemos** hoy en día, **aparecieron** en el siglo XVI ya que gracias a la creación de residencias universitarias para estudiantes pobres, los sopistas **dejaron de mendigar**. Las características de las tunas son muy particulares. Están integradas **únicamente** por hombres y su **vestimenta** es muy peculiar, toda negra y prácticamente idéntica a la de los estudiantes de las primeras universidades españolas. Cada miembro del grupo, que **suele estar formado** por unas ocho o diez personas, lleva un instrumento, a excepción del cantante principal. **Predominan** las guitarras, los **laúdes** y las **bandurrias**, aunque el instrumento más característico de las tunas es la **pandereta**. **La razón de ser** de estos grupos siempre **ha sido** la mujer; a ella **van dedicadas** todas sus canciones, todas sus **actuaciones**. Sin embargo, **conquistando** o sin conquistar **féminas**, el objetivo de las tunas es disfrutar de la compañía de los amigos y hacer de la noche una fiesta.

El candombe

URUGUAY

Hoy en día, el candombe **constituye** una de las expresiones musicales más particulares que **posee** el Uruguay y que lo **distingue** de los **países vecinos**. De origen africano, el candombe está **basado** en la percusión. **Se toca** con tres tambores, **chico**, **repique** y piano, que al ser tocados juntos **crean** el ritmo del candombe. El chico **mantiene** la métrica y el piano mantiene la base del ritmo, mientras que el repique le da el **toque creativo**. Este núcleo de tres tambores **puede repetirse** varias veces hasta formar **conjuntos** de varias **decenas**. Su combinación crea ritmos que invitan a bailar y que desde sus **comienzos** en su nuevo **hogar** americano estuvieron asociados con el carnaval.

En varios **barrios** de Montevideo, **al atardecer** y, sobre todo durante los **fines de semana** de **verano**, no es **extraño** escuchar grupos de personas que **se reúnen** a tocar candombe con sus tamboriles. Inicialmente, los barrios donde se realizaban estas **convocatorias** eran Barrio Sur y Palermo, donde la comunidad negra **se ha afincado** tradicionalmente. Más recientemente **han surgido** otros puntos en Montevideo donde **aficionados** al candombe se reúnen cada semana para **dar rienda suelta** a sus **ganas** de tamborilear. Generalmente, el **punto de encuentro** es en alguna **esquina prefijada** de la ciudad, a una hora y día determinados de **antemano**. Allí **se congregan** las personas, muchas de ellas cargando con su **propio** tamboril, aunque a menudo también **se juntan** vecinos curiosos y **seguidores** de esta expresión musical.

Después de **calentar** las **lonjas alrededor** de una **fogata**, comienzan a tocar y **recorrer** las calles, **repitiendo** así una costumbre que llegó a las costas del Río de la Plata gracias a los esclavos africanos.

Desde **principios** del siglo XIX, cuando los esclavos fueron introducidos al país por el puerto de Montevideo, la cultura africana **mantuvo** una **fuerte presencia** entre el **aluvión** de culturas de todo el mundo que **convergían** en la capital. **Sin embargo**, es difícil determinar con claridad los comienzos del candombe en el Uruguay. **Sin duda,** presente en las fiestas de los negros esclavos, el *candomblé* era parte danza y parte música, resultando un camino muy efectivo para que mantuvieran sus raíces africanas. Además de mantenerse vivo **dentro de** la comunidad negra, en la década de los años 40 el candombe comenzó a hacerse un lugar entre los ciudadanos uruguayos de otros grupos étnicos.

A este cambio **contribuyeron** artistas de otras **ramas** y **se manifestó**, por ejemplo, en los **cuadros** de uno de los pintores uruguayos más famosos, Pedro Figari. Este pintor **revalorizó** el carnaval tanto como a sus participantes y su música al **plasmarlos** en sus pinturas. Otro artista que **jugó un papel clave** en la expansión del candombe fue el músico Alfredo Zitarrosa, que en varios de sus temas hace referencia al candombe. En uno de ellos dice: "Para **ahuyentar** al Mandinga, macumba, macumbembé, hay que **tirar una flecha**, y bailar el *candomblé.*" Así, esta expresión musical fue **poco a poco ganando** aceptación entre un **público más amplio**. Más tarde **aparecerían** otros músicos **destacados**, tales como José Carvajal, **más conocido como** "El Sabalero", que **compuso** temas de candombe **extremadamente** populares en la década de los años 60. Más recientemente, muchos otros músicos y cantautores uruguayos, como Jaime Ross, Rubén Rada o Fernando Cabrera, **se han incursionado** en el candombe. En los **últimos** 20 años, este ritmo musical ha **disfrutado** de un **auge creciente**, **gracias en parte a** la revalorización del carnaval uruguayo como **patrimonio** cultural nacional. **No sería de extrañar** que de **ahora en más**, el candombe **expanda** su **contagioso ritmo más allá de las fronteras** uruguayas.

instrumentos exóticos: instrumentos exóticos

solemnidad evocativa: solenidade evocativa

público selecto: público seleto

ritmo precolombino: ritmo précolombiano

vida del increíble hombre andino: vida do incrível homem andino

diversas etapas: diversas etapas

se desarrollaron/desarrollar: desenvolveram-se/desenvolver-se

acompañadas de/acompañar: acompanhadas por/acompanhar

varios tipos de ritmos: vários tipos de ritmos

alegres: alegres

tristes: tristes

solemnes: solenes

guerreros: guerreiros

no se podían cambiar: não podiam ser mudados

dura: duro

faena: trabalho

se aliviaba/aliviar: era aliviado/aliviar

piezas: peças

fecha: data

se convertía/convertía: transformava-se/transformar

dejaran/dejar: deixaram/deixar

caracterizaba: caracterizava

nueve flautas: nove flautas

amarradas: amarradas

en fila: enfileiradas

hechas de carrizo: feitas de junco

confeccionada de arcilla: confeccionadas com argila

plata: prata

carrizo: junco

huesos humanos: ossos humanos

piel de puma: pele de puma

marcar: marcar

también: também

caracol marino: búzio

agudo: agudo

La música andina
PERU

Por sus **instrumentos exóticos** y su **solemnidad evocativa**, la llamada música de los andes tiene un **público selecto** en el planeta. Este **ritmo precolombino** de los quechuas y aymaras formó parte esencial en la **vida del increíble hombre andino**.

Las **diversas etapas** de la vida de los indígenas de los Andes **se desarrollaron acompañadas de varios tipos de ritmos**: **alegres, tristes, solemnes,** festivos o **guerreros.** Cada lugar u ocasión tenía sus propios cantos y bailes que **no se podían cambiar.** Una

dura faena se aliviaba con la ejecución de **piezas** musicales, y la celebración de una **fecha** festiva **se convertía** en motivo para que los indígenas **dejaran** por un momento esa melancolía que les **caracterizaba.**

LOS INSTRUMENTOS MUSICALES

El elemento más característico de esta melodía fue la zampoña, que era una especie de **nueve flautas amarradas en fila hechas de carrizo.** La quena era una flauta **confeccionada de arcilla, plata, carrizo** o de **huesos humanos.** En la percusión, el tambor, fabricado con **piel de puma** o piel humana, fue un elemento básico para **marcar** el ritmo. **También** existía el "pututo" o **caracol marino** que emitía un sonido **agudo** como de ultratumba, un sonido realmente mágico.

El arte musical andino precolombino no conoció los instrumentos de **cuerda** y su ritmo **estuvo basado** en la **escala pentatónica.**

Con la **llegada** de los españoles **se incorporó** a esta **orquesta** el **arpa**, y **nació** en estas **tierras** una **especie de** guitarra pequeña llamada "charango", hecha con de la **concha del armadillo.**

LA ACTUAL MÚSICA ANDINA

Hoy la música de los Andes ya **no se conserva** "pura". Este concepto está **casi extinto.** Con el paso del tiempo **se añadieron** instrumentos europeos, **creándose** así una interesante fusión.

Hay abundantes grupos que aún **cultivan** este género con gran talento en Perú, Bolivia, Chile, Ecuador, Colombia y Argentina. Durante los años 60 y 70 muchos de estos grupos fueron **enviados** al exilio europeo por sus ideas socialistas o antimilitaristas. Ya en Europa, estos **sonidos** indígenas **atrajeron** la atención internacional. *El Cóndor Pasa,* creada en 1913 por el peruano Daniel Alomía Robles, es el **tema maestro** de la música andina. Paul Simon descubrió esta canción en París y **de ahí la hizo** conocida a todo el mundo en 1970.

La **complicada y hermosa ejecución** de *El Cóndor Pasa* es sólo un ejemplo del **reconocimiento** a este **género** musical indígena después de siglos de **haber sido marginado** por el **mundo occidental.**

venado: veado

toro: touro

por lo menos: pelo menos

algunos: alguns

forman parte: fazem parte

bellas: belas

estéticas: estéticas

fuente: fonte

conexión: conexão

forma de expresar: forma de expressar

alegría: alegria

goce: satisfação

inmemoriales: imemoráveis

festejar: festejar, celebrar

invocar: invocar

dioses: deuses

cortejar: cortejar

como casi todos: como quase todos

rico: rico

si bien: embora

se representan/representar: são representadas/representar

Fin de Año: fim de ano

Año Nuevo: ano novo

leyenda: lenda

cuenta/contar: conta/contar

a mediados de: no meio de

matrimonio: casamento

salió/salir: saiu/sair

cazar: caçar

amenazado/amenazar: ameaçado/ameaçar

pidió auxilio: pediu ajuda

suplicó/suplicar: suplicou/suplicar

patrono del municipio: padroeiro do município

salvara del peligro: salvassem do perigo

cazadores: caçadores

mataron/matar: mataram/matar

se celebra/celebrar: é celebrado/celebrar

acecha/acechar: espreita/espreitar

pareja: casal

son: som

arco: arco

flecha: flecha

alrededor: ao redor

Las danzas tradicionales

EL SALVADOR

El tigre, el **venado** y el **toro** no son sólo animales, **por lo menos** no en El Salvador. Aquí también son los nombres de **algunos** de los bailes tradicionales más populares que **forman parte** de la cultura, las raíces y las costumbres salvadoreñas.

El baile es una de las formas de expresión y comunicación más **bellas** y **estéticas**. Es **fuente** y emisión de energía, **conexión** con el mundo exterior e interior y una **forma de expresar** muchas emociones, principalmente **alegría** y **goce**. Desde tiempos **inmemoriales**, el hombre bailó, bailó para celebrar y **festejar**, para **invocar dioses** o para **cortejar**.

El Salvador, **como casi todos** los países de Centroamérica, es **rico** en danzas tradicionales, y **si bien** toda ocasión es buena para el baile, la mayoría de ellas **se representan** durante las fiestas de **Fin de Año**, **Año Nuevo** y fiestas patronales.

DANZA DEL TIGRE Y EL VENADO

Esta danza representa una **leyenda** del pueblo de San Juan Nonualco, en el departamento de La Paz. La historia **cuenta** que, **a mediados de** 1800, un **matrimonio** mayor **salió** a **cazar** un venado y al verse **amenazado** por la presencia de un tigre, **pidió auxilio** y **suplicó** al Señor de la Caridad, **patrono del municipio**, que los **salvara del peligro**.

Los **cazadores mataron** al tigre y en honor a este santo **se celebra** una danza en la que varios personajes representan aquel momento: el tigre **acecha** al venado y a la **pareja** bailando al **son** del tambor, mientras el matrimonio armado con **arco** y **flecha** baila también **alrededor** del tigre.

El público observa cómo el tigre ataca a los viejos y aplaude cuando éstos **lo degüellan** y **reparten** las porciones del animal **entonando** frases humorísticas **dirigidas** a las personas del pueblo: "**Lo de adelante** para el **comandante**", "lo de atrás para el **juez de paz**", "la cabeza para Teresa" o "los **riñones** para los **mirones**".

LOS TOROS DE LA ASCENSIÓN

Esta tradición, también procedente de San Juan Nonualco, celebra el **hecho ocurrido** a un **personaje** llamado Isidro Labrador, que **se dedicaba** a la agricultura para **alimentar** a su familia. Un **Jueves de Ascensión** (día en el que **se conmemora** la **subida** de Cristo al **cielo**) Isidro **se disponía** a **labrar** la tierra y cuando **arreaba** a los **bueyes**, uno de ellos le dijo: "Isidro, hoy no trabajaremos, mañana sí". Él insistió pero **obtuvo** la misma **respuesta** y al darse cuenta de lo que se conmemoraba ese día, **se arrodilló** pidiendo perdón a Dios.

Basado en este suceso **se mantiene** la celebración del Jueves de Ascensión como el día dedicado a los toros. En todos los **barrios**, los habitantes **fabrican** un toro (**armazón** con **varas** de **bambú forradas** con **cuero** o **piel de toro** y en los extremos, **cuernos** y **cola**) que pasean por las calles, acompañados de música y **quema** de **pólvora**. En las **capillas** o ermitas se adornan altares y **se reza** el **rosario**. Luego de las **oraciones** y el baile, **se inician** competencias con los toros.

Éstos y otros tantos bailes y tradiciones mantenidos a lo largo de años reafirman el **compromiso** de **promover** las raíces del país.

lo degüellan/degollar: degolam/degolar
reparten/repartir: repartem/repartir
entonando/entonar: entoando/entoar
dirigidas/dirigir: dirigidas/dirigir
lo de adelante: o adiante
comandante: comandante
juez de paz: juiz de paz
riñones: rins
mirones: fofoqueiros, curiosos
hecho ocurrido: fato ocorrido
personaje: personagem
se dedicaba/dedicarse: dedicava-se/dedicar-se
alimentar: alimentar
Jueves de Ascensión: quinta-feira da ascensão
se conmemora/conmemorar: é comemorado/comemorar
subida: subida
cielo: céu
se disponía/disponerse: dispunha-se/dispor
labrar: lavrar
arreaba/arrear: conduzia/conduzir
bueyes: bois
obtuvo/obtener: obteve/obter
respuesta: resposta
se arrodilló/arrodillarse: ajoelhou-se/ajoelhar-se
se mantiene/mantener: é mantida/manter
barrios: bairros
fabrican/fabricar: fazem/fazer
armazón: armação
varas: varas
bambú: bambu
forradas/forrar: forradas/forrar
cuero: couro
piel de toro: pele de touro
cuernos: chifres
cola: rabo
quema: queima
pólvora: pólvora
capillas: capelas
se reza/rezar: é rezado/rezar
rosario: rosário
oraciones: orações
se inician/iniciar: são iniciadas/iniciar
compromiso: compromisso
promover: promover

Examina tu comprensión

Bailando al son del merengue, página 124

1. A origem do merengue é combinação de quais influências culturais?

2. Quais são os instrumentos primários usados no merengue?

3. Em que período esse estilo de música foi classificado como subcategoria da música tocada por violão?

El arte flamenco, página 126

1. Quais são as três formas que demonstram o Flamenco?

2. Embora a origem do Flamenco seja incerta, onde foi seu local de *nascimento*?

3. O Flamenco começou como música e depois evoluiu para incluir o quê?

4. Qual é o papel do violão e do *violeiro*?

Los instrumentos musicales, página 125

1. Alguns dos aerófonos, como a flauta e o trompete, são feitos com base em materiais de que animal?

2. O tubo grosso do clarinete é feito por qual tipo de folha?

3. *Mina* e *Curbata* são tamborins feitos de qual tipo de árvore?

El reguetón está "rankeao", página 128

1. O *reguetón* é uma mistura entre quais influências, ritmos e sons?

2. As letras do *reguetón* expressam o quê?

3. Liste as "gírias" associadas com o *reguetón* e os seus significados.

Teste sua compreensão

El tango, página 130

1. De onde eram os imigrantes que vieram para Buenos Aires em 1880?

2. Quais eram as ocupações primárias desses imigrantes?

3. Qual era o ambiente original onde o Tango era dançado?

4. Em que década o Tango foi mais aceito por todas as classes sociais?

El mariachi, página 134

1. Qual é a origem da palavra *mariachi* e o que ela significa?

2. Que instrumentos compõem uma banda de *mariachi*?

3. Descreva o *guitarrón*.

El candombe, página 136

1. Onde e quando se pode ouvir *candombe*?

2. Qual é a origem do *candombe* e qual é a sua importância?

3. O *candombe* tem sido expressado em que outras formas de arte?

La música andina, página 138

1. Os sons da música andina são variados, evocando cinco tipos de ritmos. Quais são eles?

2. Um instrumento característico da melodia andina é o *Zampoña*. Como é feito?

3. Qual cantor americano tornou a música andina conhecida na década de 70?

Las buenas costumbres, y no la fuerza,
son las columnas de las leyes; y el ejercicio
de la justicia es el ejercicio de la libertad.

Simón Bolívar

Historia

conmemora/conmemorar: comemora/comemorar
fecha muy importante: data muito importante
por todo México: por todo o México
pero especialmente: mas especialmente
ciudad de: cidade de
últimos veinte años: últimos vinte anos
han adquirido: adquiriram/adquirir
principalmente: principalmente
de hecho: na verdade
piensan/pensar: pensam/pensar
en realidad: na realidade
triunfo de: vitória de
ejército francés: exército francês
Batalla de Puebla: batalha de Puebla (o campo de batalha é agora um estacionamento em Puebla, com a estátua do general Zaragoza montado em seu cavalo. mas é nos EUA, e não no México, que a celebração é mais festiva, com paradas, música, folclore, danças e comida.)
después: depois de
una larga lucha: uma longa luta
obtener la independencia de: para ganhar a independência de
primer: primeiro
durante esta época: durante esta época
incurrió en grandes deudas: incorreu em grandes dívidas
otros países: outros países
e: e (antes de palavras com "i" e "hi" em vez da conjunção aditiva "y", usa-se "e")
Inglaterra: Inglaterra
inestabilidad política: instabilidade política
por la cual estaba pasando: por qual estava passando
en ese momento: neste momento
impidieron/impedir: impediram/impedir
cumplir de inmediato: cumprir imediatamente
obligaciones financieras: obrigações financeiras
actual: atual
solicitó/solicitar: solicitou/solicitar
moratoria: moratória
que fue aceptado por: que foi aceito por

El Cinco de mayo

MÉXICO

El cinco de mayo **conmemora** una **fecha muy importante** para los mexicanos. Las festividades de este día se celebran **por todo México, pero especialmente** en la **ciudad de** Puebla. En los **últimos veinte años**, las celebraciones del cinco de mayo **han adquirido** mucha popularidad en los Estados Unidos, **principalmente** en los estados

de California, Arizona, Texas y Nuevo México. **De hecho**, hay muchas personas que **piensan** que en este día se celebra la Independencia de México, que es el 16 de septiembre. **En realidad**, esta fecha conmemora el **triunfo de** los mexicanos sobre el **ejército francés** en la **Batalla de Puebla** de 1862.

En 1821, **después** de **una larga lucha** por **obtener la independencia de** España, se estableció el **primer** gobierno mexicano independiente. **Durante esta época**, el gobierno mexicano **incurrió en grandes deudas** con **otros países**, principalmente Francia **e Inglaterra**. La **inestabilidad política** y la situación económica **por la cual estaba pasando** México **en ese momento impidieron** que pudiera **cumplir de inmediato** con sus **obligaciones financieras**. El **actual** presidente, Benito Juárez, **solicitó** una **moratoria** para su deuda, **que fue aceptado por** Inglaterra y España.

Sin embargo, el gobierno francés **se mantuvo renuente** y **envió sus tropas** a la ciudad de México con la intención de **establecer allí su propio** gobierno monárquico. **Para llegar** a su destino, tenían que pasar **por el estado de** Puebla **donde las tropas mexicanas**, **bajo el mando del** General Zaragoza, **preparaban** su defensa.

Aunque el ejército mexicano **no aparentaba ser** lo suficientemente **fuerte** o **capacitado para destruir** las tropas francesas, el **ímpetu de su lucha** compensó sus limitaciones y **lograron vencer** al **poderoso** ejército europeo **a pesar de** que la **victoria** en esta batalla **no logró al final ganar la guerra**. Para los mexicanos la misma **simboliza** el valor, la determinación y el patriotismo del pueblo mexicano.

Las celebraciones de este día incluyen **desfiles militares** que **rinden homenaje a** todos los héroes **que perecieron por** la **libertad de** México. El desfile generalmente culmina en el Zócalo, la plaza central de cada pueblo, **donde jóvenes** y mayores **disfrutan** de las festividades. La fiesta incluye **juegos divertidos**, **corridas de toros**, deliciosos platos típicos de la cocina mexicana, y **bandas de mariachis** que **alegran la velada** con su música y su **encanto**.

Al final de la noche, se oye la **pólvora de los fuegos artificiales** y un sinfín de **voces que exclaman con alegría** ¡Viva México! Este sentido **grito** refleja **el orgullo** que sienten los mexicanos por su **herencia** y el **espíritu festivo** de un pueblo que **celebra su libertad**.

sin embargo: entretanto
se mantuvo renuente: manteve-se relutante
envió sus tropas: enviou suas tropas
establecer allí su propio: estabelecer ali seu próprio
para llegar: para chegar
por el estado de: pelo estado de
donde las tropas mexicanas: onde as tropas mexicanas
bajo el mando del: sob o comando de
preparaban/prepara: preparavam/preparar
aunque: embora
no aparentaba ser: não aparentasse ser
fuerte: forte
capacitado para destruir: capaz de destruir
ímpetu de su lucha: ímpeto de sua luta
lograron vencer: conseguiram vencer
poderoso: poderoso
a pesar de: apesar de
victoria: vitória
no logró al final ganar la guerra: não conseguiu vencer no final da guerra
simboliza: simboliza
desfiles militares: paradas militares
rinden homenaje a: homenageiam
que perecieron por: que pereceram por
libertad de: liberdade de
donde jóvenes: onde jovens
disfrutan/disfrutar: aproveitam/aproveitar
juegos divertidos: jogos divertidos
corridas de toros: corridas de touros
bandas de mariachis: bandas de mariachis
alegran la velada: alegram a noitada
encanto: encanto
al final de la: no final da
pólvora de los fuegos artificiales: pólvora dos fogos de artifício
voces que exclaman con alegría: vozes que exclamam com alegria
grito: grito
el orgullo: o orgulho
herencia: herança
espíritu festivo: espírito festivo
celebra su libertad: celebra sua liberdade

logró/lograr: conseguiu/conseguir

asimilar: assimilar

conocimientos: conhecimentos

aportes: contribuições

conquistaron/conquistar:

conquistaram/conquistar

crecimiento: crescimento

fue detenido/detener: tenha sido

contido/conter

respirar: respirar

mayoría: maioria

abarcó/abacar: englobou/englobar

imperio: império

sobre todo: sobretudo

leyenda: lenda

que cuenta: que conta

lago: lago

amados: amados

barreta: barreta, pequena barra

hundieron/hundir: afundaram/afundar

cerro: colina

fundaron/fundar: fundaram/fundar

sagrada: sagrada

ombligo: umbigo, centro

ciudad mágica: cidade mágica

enseñó/enseñar: ensinou/ensinar

ganadería: criação de gado

cerámica: cerâmica

tejido: tecelagem

cocina: culinária

alcanzó/alcanzar: alcançou/alcançar

extraordinaria: extraordinária

casi: quase

llevando con ello/llevar: levando

consigo/levar

adoración: adoração

idioma: idioma

Los hijos del sol
PERÚ

Los incas fueron una magnífica civilización del siglo X que **logró asimilar** grandes **conocimientos** y **aportes** de las culturas que **conquistaron**. Aunque su **crecimiento fue detenido** por la invasión española en el siglo XVI, aún se puede **respirar** la gran influencia incaica en la **mayoría** de los países que **abarcó** este **imperio**, **sobre todo** en Perú.

Existe una **leyenda que cuenta** que el dios Inti sacó del **Lago** Titicaca, en Puno, a dos de sus **amados** hijos: Manco Cápac y Mama Ocllo. Ellos llevaban una **barreta** de oro que **hundieron** en el **cerro** Huanacaure. Aquí **fundaron** la maravillosa ciudad del Cuzco, la capital **sagrada** de los incas, a la que consideraban el **ombligo** del mundo. Esta **ciudad mágica** era el centro del imperio.

Manco Cápac, como primer inca, **enseñó** a los hombres la agricultura, la **ganadería** y la **cerámica**; y Mama Ocllo, a las mujeres, el arte del **tejido** y la **cocina**. Con el Inca Pachacútec, el imperio **alcanzó** una **extraordinaria** expansión por **casi** toda América del Sur **llevando con ello** la **adoración** al Inti, o Dios Sol y también el uso del **idioma** quechua.

Aunque **controlaron** todo el **actual Perú** y diversos territorios de Bolivia, Colombia, Ecuador, Argentina y Chile, los incas **respetaron** la cultura de los pueblos que conquistaban.

A pesar de que el Estado Inca mantenía **profundas** diferencias sociales y **utilizaba** el trabajo de la población **para su beneficio,** el pueblo **tenía asegurado** los **alimentos**, el **vestido** y la **vivienda**. Así, en una población de 12 millones no había **desocupación** ni **hambre**.

No existía **propiedad privada**, las tierras **pertenecían** al **emperador** y **eran administradas colectivamente** por **ayllus, quienes asignaban** a cada familia un **pedazo de tierra** para **cultivarla** para su propio **consumo** así como para dar **tributos** al rey. En las artes, las ciencias y la tecnología se alcanzó un alto nivel de desarrollo para la época, **destacando** principalmente en la **ingeniería** y la arquitectura. Los incas **construyeron** notables **palacios**, templos, canales, **puentes, fortalezas** y **caminos**.

Con la **muerte súbita** del **penúltimo** inca en 1526 el imperio fue dividido entre sus dos hijos Huáscar y Atahualpa, que **se enfrentaron** en una **guerra civil**.

En 1532, Atahualpa **derrotó** a Huáscar; pero ya el gran imperio se encontraba **debilitado** y **dividido sin estar preparado** para el **arribo** de los conquistadores españoles, que encontraron a su llegada una alta cultura.

toreo: tourada
se cree que/creer: acredita-se que/
acreditar
tuvo lugar: ocorreu
coronación del rey: coroação do rei
después de la Reconquista de españa:
depois da reconquista espanhola
se liberó/liberar: libertou/libertar
poder musulmán: poder muçulmano
se hizo: tornou-se/tornar-se
varios reinados: vários reinados
habituales: frequentes
el Papa: o papa
las prohibió/prohibir: as proibiu/
proibir
pues pensaba/pensar: pois pensava/
pensar
el pueblo ignoró/ignorar: o povo
ignorou/ignorar
continuó/continuar: continuou/
continuar
derogó el decreto: revogou o decreto
asumiendo/asumir: supondo/supor
casi desaparece/desaparecer: quase
desapareceu/desaparecer
ya que los toros: pois os touros
se utilizaban/utilizar: eram usados/usar
para alimentar: para alimentar
el conflicto terminó: o conflito acabou
época: época
hoy en día: hoje em dia, atualmente
se practica/practicarse: é praticado/
praticar
desfile: desfile
cuadrilla: equipe do toureiro
vestidos con trajes del siglo XVII:
vestidos com trajes do século xvii
para anunciar: para anunciar
al ruedo: arena de touros
agita un pañuelo blanco/agitar: agita
um lenço branco/agitar
cada vez: cada vez
sale/salir: sai/sair
se ha matado al toro/matar: o touro foi
morto/matar
suena una trompeta/sonar: soa uma
trombeta/soar
participan/participar: participam/
participar
pesan entre: pesam entre
nunca se han enfrentado a un hombre:
nunca enfrentaram um homem
si fuera así: caso contrário
enbestiría/enbestir: investiria/investir

La historia del toreo

ESPAÑA

¿Cuál es la historia del **toreo** en España? **Se cree que** la primera corrida de toros **tuvo lugar** en Verea, en la provincia de Logroño, en el año 1133, en la **coronación del rey** Alfonso VIII. **Después de la Reconquista de España** (en la que **se liberó** a la Península del **poder musulmán**) la fiesta del toreo **se hizo** popular en toda la geografía ibérica. Durante **varios reinados** las corridas fueron **habituales**, hasta que **el Papa** Pío V **las prohibió**, **pues pensaba** que las corridas eran celebraciones primitivas. Pero **el pueblo ignoró** esta prohibición y **continuó** con su "fiesta". Más tarde, el Papa Gregorio VIII **derogó el decreto, asumiendo** que era una fiesta del pueblo.

Varios siglos más tarde, con la Guerra Civil Española (de 1936 a 1939), el toreo **casi desaparece, ya que los toros se utilizaban para alimentar** a las tropas. Pero cuando **el conflicto terminó**, las corridas de toros fueron restablecidas. Algunos de los toreros más representativos de esta **época** son "Manolete" y Luis Miguel "Dominguín". **Hoy en día**, el toreo **se practica** también en otros países: Portugal, Ecuador, México, etc. Incluso en Japón o Estados Unidos (en California y otros estados del oeste).

Pero ¿cómo es una corrida de toros? La corrida de toros comienza con el "**desfile**" de los toreros y toda su **cuadrilla, vestidos con trajes del siglo XVII**, que saludan al presidente. **Para anunciar** la entrada del primer toro **al ruedo**, el presidente de la plaza **agita un pañuelo blanco**. **Cada vez** que el torero **sale** y cuando, finalmente, **se ha matado al toro, suena una trompeta**. En la corrida **participan** tres toreros (junto con sus cuadrillas) y seis toros. Cada torero torea dos toros, los cuales **pesan entre** 500 y 800 kilos. Estos toros **nunca se han enfrentado a un hombre. Si fuera así**, el toro **enbestiría** al hombre, no a la capa del torero.

Podemos diferenciar seis **etapas** durante la corrida de toros:

Primera etapa: Durante esta fase preliminar, los **capeadores** torean al toro, para **saber** si tiene las cualidades necesarias (su fuerza, inteligencia, agilidad, etc.). Si el toro no es aceptado, el presidente de la plaza agitará un **pañuelo verde**.

Segunda etapa: Los picadores, **montados en caballos protegidos, hacen que el toro les ataque**. Cuando esto **ocurre**, **le hunden las lanzas en el cuello** para **debilitar** sus músculos. **De esta forma** el toro **bajará la cabeza** y el torero **le dará el golpe de gracia** con más facilidad.

Tercera etapa: **Colocación** de las **banderillas** en el cuello del toro. El banderillero **lleva** una banderilla **en cada mano**, **corre hacia el toro** y **le coloca** las banderillas. **Su propósito** es **regular la embestida del toro**.

Ultima etapa: Llamada "suerte" o "tercio". **Comienza** cuando el torero **agita su gorro saludando** al presidente y **pidiendo permiso** para matar al toro. El torero usualmente **dedica** el toro a alguien del público. **Para atrae**r al toro, el torero **utiliza** distintos pases, usando **su capa y espada**.

La muerte del toro: Cuando el torero **cree que** el toro está **más débil**, **intentará darle el "toque de gracia"**, insertando la espada entre la vértebra cervical, directa al **corazón** del toro. Si el **"maestro" ha hecho una buena "faena"**, el público agitará pañuelos blancos. Esta es la **señal** para que el presidente **premie** al torero con una **oreja** o el **rabo** del toro. **Por otro lado**, si el torero **no consigue matar** al toro por su bravura, éste **será perdonado** y **se le permitirá vivir en paz**.

conmemoran/conmemorar: comemoram/comemorar

sin embargo: entretanto

marca/marcar: marca/marcar

en realidad: na verdade

inicio: começo

cuenta/contar: conta/contar

se iba a celebrar: seria celebrado

partidario: partidário

tienda: loja

llamado/llamar: chamado/chamar

prestara/prestar: emprestasse/ emprestar

florero: jarro de flores

adornar: enfeitar

homenajeado: homenageado

monarquía: monarquia

reaccionó/reaccionar: reagiu/reagir

de muy mala manera: muito mal

criollos: crioulos (descendentes de europeus nascidos nas colônias hispano-americanas)

escuchar: ouvir

se puso furioso/ponerse furioso: ficou furioso/ficar furioso

le dio una golpiza/dar una golpiza: bateu-lhe/bater

pelea: briga

aún: ainda

ilustre rol: papel importante

placa: placa

se lee/leer: lê-se/ler

siguiente: seguinte

se verificó/verificarse: ocorreu/ocorrer

reyerta: briga

entre: entre

que dio principio/dar principio: que deu começo, originou

a pesar del: apesar do

ímpetu: impulso

líderes políticos: líderes políticos

obtuvo/obtener: ganhou/ganhar

La independencia de Colombia
COLOMBIA

El 20 de julio los colombianos **conmemoran** el Día de la Independencia de Colombia. **Sin embargo**, esta fecha **marca en realidad** el **inicio** del proceso de independencia. **Cuenta** la historia que en este día **se iba a celebrar** un banquete en honor a Francisco Villavicencio, **partidario** de la independencia.

Antonio Morales fue a la **tienda** de un español **llamado** González Llorente para que le **prestara** un **florero** con el que **adornar** la mesa del **homenajeado**. Llorente, un fanático de la **monarquía**, **reaccionó de muy mala manera** e insultó a los **criollos**. Al **escuchar** sus insultos, Morales **se puso furioso** y **le dio una golpiza** a Llorente. La **pelea** se extendió por toda la plaza y se comentó por toda la capital. Esta tienda, que **aún** existe en la Plaza de Bolívar en Bogotá, es reconocida por su **ilustre rol** en el proceso de independencia y tiene una **placa** donde **se lee** la **siguiente** inscripción: "En este lugar **se verificó** la **reyerta entre** Morales y Llorente **que dio principio** a la Revolución del 20 de julio".

A pesar del ímpetu que ocasionó el famoso "incidente del florero de Llorente" y la influencia de **líderes políticos** como Antonio Nariño, no fue sino hasta el 7 de agosto de 1819, nueve años más tarde, que Colombia **obtuvo** su independencia con la batalla de Boyacá.

Los patriotas **carecían** de armas o uniformes pero con su determinación y fervor **lograron vencer** al **ejército español**. Bajo el **liderazgo** de Simón Bolívar **se creó** un nuevo estado llamado la Gran Colombia en el cual **se unieron** Venezuela, Panamá, Ecuador y Colombia. Sin embargo, a pesar de que Bolívar **asumió** la presidencia de la Gran Colombia, las **facciones políticas** comenzaron a **destruir** la unión de los países que muchos querían ver convertidos en estados **soberanos**. En el 1830, Venezuela y Ecuador **se convirtieron** en naciones independientes y en 1903 Panamá obtuvo finalmente su independencia.

En la actualidad, y a pesar de los conflictos políticos por los que pasa Colombia, el **pueblo siente gran orgullo** de su **patria**. Las celebraciones para el Día de la Independencia **abundan** en las ciudades del país. **Incluso se efectúan** paradas y **manifestaciones** por la **paz. Tanto** para los colombianos que viven en su país, **como** para los que residen en el **extranjero**, el 20 de julio es un día muy especial para **recordar** la creación de la república democrática que **les dio su libertad**.

carecían/carecer: precisavam/precisar
lograron/lograr: conseguiram/conseguir
vencer: vencer
ejército español: exército espanhol
liderazgo: liderança
se creó/crear: foi criado/criar
se unieron/unir: aliaram-se/aliar-se
asumió/asumir: assumiu/assumir
facciones políticas: facções políticas
destruir: destruir
soberanos: soberanos
se convirtieron/convertirse: tornaram-se/tornar-se
pueblo: povo
siente gran orgullo/sentir orgullo: sente grande orgulho/sentir orgulho
patria: pátria
abundan/abundar: proliferam/proliferar, enchem
incluso: inclusive
se efectúan/efectuar: são realizadas/realizar
manifestaciones: manifestações
paz: paz
tanto...como: tanto... quanto
extranjero: estrangeiro
recordar: lembrar
les dio su libertad: deu-lhes sua liberdade, os libertou

Vocabulario de la guerra

las fuerzas aéreas: as forças aéreas
las fuerzas aliadas: as forças aliadas
el ataque: o ataque
atacar: atacar
las fuerzas armadas: as forças armadas
el ejército: o exército
la batalla: a batalha
la batería: a bateria
estar en control: estar no controle

sangriento: sangrento
la bomba: a bomba
bombardear: bombardear
el alto el fuego: o cessar-fogo
el combate: o combate
el conflicto: o conflito
la muerte: a morte
destruir: destruir
el gobierno: o governo
la granada: a granada
el helicóptero: o helicóptero
las hostilidades: as hostilidades

humanitario: humanitário
derechos humanos: direitos humanos
herir: ferir
herido: ferido
militar: militar
la marina: a marinha
la paz: a paz
el/la piloto: o/a piloto
resguardar: resguardar
soldado: soldado
sacudir: sacudir
las tropas: as tropas

antigüedad: antiguidade
pueblos: povos
consideraron: consideram
bandera: bandeira
profundo sentido: profundo sentido
pedazo de tela: pedaço de tecido
palo: haste
estandarte: estandarte
representaba/representar: representava/representar
pertenencia: propriedade
diseño: desenho
conocemos/conocer: conhecemos/conhecer
sufrió/sufrir: sofreu/sofrer
franjas: listras
arriba: cima
Patria Vieja: pátria velha
fue izada/izar: foi içada/içar
poderes: poderes
majestad: majestade
ley: lei
fuerza: força
usarse: ser usada
se adoptó/adoptar: foi adotada/adotar
reemplazaba/reemplazar: substituía/substituir
sangre vertida: o sangue derramado
campo de batalla: campo de batalha
nieve: neve
cordillera: cordilheira
limpio: limpo, claro
cielo: céu
sin embargo: entretanto
pronto: logo
desapareció/desaparecer: desapareceu/desaparecer
actual: atual
comienzos: no começo
juramento: juramento
hoy en día: atualmente
izada/izar: içada/içar
figuran/figurar: aparecem/aparecer
dispuestos/disponer: dispostos
cuadrado: quadrado
estrella: estrela
velan/velar: velam/velar
en la actualidad: atualmente
corresponde: corresponde
murieron/morir: morreram/morrer

Un símbolo de la nación

CHILE

Desde la **antigüedad,** los **pueblos consideraron** a la **bandera** como un objeto de **profundo sentido** simbólico y espiritual. La bandera era mucho más que un **pedazo de tela** con un **palo**; era el **estandarte** que **representaba** a la nación, un símbolo de **pertenencia** y de patriotismo. Hasta llegar al **diseño** que hoy **conocemos**, la bandera chilena **sufrió** tres transformaciones. La primera bandera se componía de tres **franjas** horizontales: azul la de **arriba**, blanca la del centro y amarilla la de abajo. Esta es conocida en la historia como la Bandera de la **Patria Vieja** y **fue izada** por primera vez en 1812. Para algunos representaba los tres **poderes** del estado: **majestad**, **ley** y **fuerza**.

En 1814 dejó de **usarse** y Chile estuvo un tiempo sin bandera propia hasta que en 1817 **se adoptó** una nueva insignia llamada Bandera de la Transición. Ésta tenía tres franjas: azul, blanca y roja (la roja **reemplazaba** a la amarilla de la bandera de 1812). Estos colores simbolizaban la **sangre vertida** por los hombres chilenos en el **campo de batalla**; el blanco, la **nieve** de la **cordillera** de los Andes; y el azul, el **limpio cielo** del país. **Sin embargo**, al igual que la de la Patria Vieja, esta bandera no tuvo legalización oficial y **pronto desapareció**.

La bandera **actual** se usó públicamente y por primera vez a **comienzos** de 1818 en la proclamación de la independencia y primer **juramento** de la bandera. **Hoy en día** es **izada** en todas las fiestas patrias. En esta bandera también **figuran** los colores azul, blanco y rojo, aunque **dispuestos** de manera distinta a la anterior: la parte superior con dos colores, azul y blanco, y la parte inferior con un solo color, rojo. El azul forma un **cuadrado**, cuyas dimensiones son un tercio del largo de la franja roja, y en el centro tiene una **estrella** que representa los poderes del Estado que **velan** por la integridad de la patria. **En la actualidad**, el día de la bandera se celebra el 9 de julio y **corresponde** a la conmemoración del Combate de La Concepción de 1882, en el que **murieron** más de 70 chilenos.

La bandera de México

MÉXICO

Las **banderas** son más que un simple **pedazo** de **tela** con colores; son el símbolo del país al que representan. Las banderas son la imagen de la unión de la nación, de sus ideales, de su historia y también de su cultura. **Por este motivo**, el **diseño**, los colores y el **escudo** con que están confeccionadas **son escogidos** para representar **algo específico** e importante de la **patria**.

La bandera mexicana está dividida en tres partes: una verde, una blanca y una roja. Cada color tiene un **significado** especial. La **franja** verde es la de la independencia y la **esperanza**. El centro blanco representa la **pureza** de los ideales de la nación. La parte roja de la bandera representa la **sangre** que los héroes nacionales **han derramado** por la patria. En el centro del área blanca de la bandera mexicana se encuentra el escudo nacional de México, un **águila** sobre un **nopal combatiendo** contra una **serpiente**. Este **emblema** representa la **fuerza** y la historia de México.

La **leyenda cuenta** que un día unos indios aztecas **llegaron** a un gran **valle** donde había una **laguna** con un **islote** pequeño **en el medio**. Allí observaron un águila sobre un nopal **florecido devorando** una **víbora**. Los indígenas tomaron esta imagen como una **señal** de los dioses y, por eso, **construyeron allí** Tenochtitlán, lo que **hoy en día** es la capital del país, México D. F. La bandera mexicana fue creada en 1821 después de la independencia de México. El 24 de febrero es un día nacional de fiesta por lo que se celebran muchos **desfiles** y otros eventos en honor a la bandera.

banderas: bandeiras
pedazo: pedaço
tela: tecido
por este motivo: por este motivo
diseño: desenho
escudo: escudo
son escogidos/escoger: são escolhidos/escolher
algo específico: algo específico
patria: pátria
significado: significado
franja: listra, tira
esperanza: esperança
pureza: pureza
sangre: o sangue
han derramado/derramar: derramaram/derramar
águila: águia
nopal: nopal, urumbeba (tipo de cacto)
combatiendo/combatir: lutando/lutar
serpiente: serpente, cobra
emblema: emblema
fuerza: força
leyenda: lenda
cuenta/contar: conta/contar
llegaron/llegar: chegaram/chegar
valle: vale
laguna: lagoa
islote: uma ilhota
en el medio: no meio
florecido: florescido
devorando/devorar: devorando/devorar
víbora: víbora, serpente
señal: um sinal
construyeron/construir: construíram/construir
allí: ali
hoy en día: hoje
desfiles: desfiles

San Juan
PUERTO RICO

"En mi **viejo** *San Juan..."* **Así comienza** una **canción famosa** que **se ha convertido** en **himno nacional** ya que **narra** la **angustia** y **esperanza** de quienes **nos encontramos lejos** de la isla.

San Juan, la capital de Puerto Rico, está **llena de** historia, **grabada** en sus **edificios antiguos** y sus **adoquines**. La ciudad original **fue fundada** en 1508 por Juan Ponce de León. **En aquel entonces se le conocía como** "Caparra". Un **año después**, Caparra fue **reubicada** al **oeste** del lugar original. La "ciudad **amurallada**", el viejo San Juan, **nace oficialmente** en 1521, **convirtiéndóse** en la ciudad mas antigua **bajo** la bandera estadounidense y la **segunda** de las Américas.

El área hoy conocida como San Juan se divide en tres partes: el Viejo San Juan, la playa y el **área hotelera**, aparte de otras comunidades como Río Piedras, Hato Rey y Santurce. Con su población de **cerca de medio millón de habitantes**, la ciudad es el **centro de procesamiento** más grande de la isla y su **puerto** el de mas movimiento del Caribe. El puerto de San Juan es el segundo más grande de la región después de Nueva York. Pero, ¿cuál es la magia que esconde esta ciudad? A primera vista el **visitante siente** la influencia inmediata de los **ancestros españoles** aún **caminando** por sus **calles de adoquines**, **teñidos de azul** por el **pasar del tiempo**. Sus edificios coloniales hablan de **siglos lejanos**.

Estas estructuras son las que **rodean** las plazas donde jóvenes y adultos aún **se reúnen** a hablar, **escuchar** su música favorita o jugar un **partido de dominó**.

Entre las plazas preferidas de los puertorriqueños están la Plaza de San José, con su **estatua de bronce** en honor a Juan Ponce de León, La Plaza del Quinto Centenario, **celebrando** los 500 años del **descubrimiento** del **Nuevo Mundo** y la Plaza de Armas, con cuatro estatuas que representan las cuatro estaciones del año. **Yo prefiero** la Plazoleta de la Rogativa por el significado que **encierra**.

Se dice que en 1797 la **flota** británica llegó a la Bahía de San Juan para **atacar** y tomar posesión de la isla. Al verse **amenazados**, el gobernador **ordenó** una **rogativa** para **pedir la ayuda** de los santos. Las mujeres **organizaron** una procesión **repentina**. Caminaron por las calles de la ciudad **cargando antorchas** y **tocando campanas**. Ante la conmoción, los británicos **se retiraron pensando** que habían llegado **refuerzos**. Desde entonces **quedó demostrada** la **voluntad** y **valentía** de un pueblo cuando **se trata** de defender **lo suyo**.

San Juan también **cuenta con** infinidad de **parques** y **fortalezas**. Entre las mas conocidas se encuentra El Morro, con sus seis **niveles** a 140 pies sobre el **nivel del mar**. Esta **asombrosa** estructura es en realidad un **laberinto de túneles**, **calabozos**, **barracas** y rampas, **rodeadas** por las famosas **garitas** que se han convertido en símbolo nacional. A esto **se unen** las catedrales, los teatros y los museos donde se exhibe la vida, historia, cultura y evolución de un pueblo, **mezcla de sangre** taina, española y africana.

Esto es San Juan de Puerto Rico, una ciudad antigua, rodeada de belleza natural. Este es el lugar a donde millones de puertorriqueños **esperan volver** algún día **cantando** la melodía de... *En mi viejo San Juan.*

rodean/rodear: cercam/cercar
se reúnen/reunir: reúnem-se/reunir
escuchar: escutar
partido de dominó: uma partida de dominó
estatua de bronce: estátua de bronze
celebrando/celebrar: celebrando/celebrar
descubrimiento: descobrimento
Nuevo Mundo: novo mundo
yo prefiero/preferir: eu prefiro/preferir
encierra/encerrar: engloba/englobar
flota: frota
atacar: atacar
amenazados/amenazar: ameaçados
ordenó/ordenar: ordenou/ordenar
rogativa: oração
pedir la ayuda: pedir a ajuda
organizaron/organizar: organizaram/organizar
repentina: repentina
cargando/cargar: carregando/carregar
antorchas: tochas
tocando campanas: tocando sinos
se retiraron: retiraram-se/retirar-se
pensando/pensar: pensando/pensar
refuerzos: reforços
quedó demostrada: ficou demonstrada
voluntad: vontade
valentía: coragem
se trata/tratarse: trata-se/tratar-se
lo suyo: a si próprios, os seus
cuenta con: conta com
parques: parques
fortalezas: fortalezas
niveles: níveis
nivel del mar: nível do mar
asombrosa: impressionante
laberinto de túneles: labirinto de túneis
calabozos: calabouços
barracas: barracas
garitas: guaritas
se unen/unirse: unem-se
mezcla de sangre: mistura de sangue
esperan/esperar: esperam/esperar
volver: voltar
cantando/cantar: cantando/ cantar

Las ruinas de Tiwanaku

BOLIVIA

Parece mentira que luego de **tantos siglos**, tantos **sucesos** y tanta historia, parte de las ruinas de Tiwanaku **siga en pie**. **Si bien** el hombre **tuvo que ver** en su reconstrucción y posterior protección, **pasaron años**, décadas y hasta siglos para que estas cenizas **resurgieran** de sus **cenizas**.

Se trata de una antiquísima civilización cuyos **restos** aún **permanecen** en **forma megalítica** con inscripciones de símbolos que **todavía** hoy **siguen sin descifrar**. Según estudios arqueológicos **se calcula** que el origen de esta cultura **se remonta** al año 1600 AC.

Esta ciudad **desaparecida**, cuyas **milenarias** ruinas han sido **restauradas** en parte, está a sólo 72 kilómetros de la ciudad de La Paz, muy cerca del Lago Titicaca. Poco **se sabe** de ella y de su civilización, aunque historiadores y arqueólogos coinciden en que fue un gran centro urbano **sustentado** por un sofisticado sistema de agricultura en **terrazas** para producir **alimentos**, que **permitía satisfacer** las necesidades de consumo de toda esta ciudadela a semejante altura. También **destaca** por ser una metrópolis del **conocimiento** y de las ciencias ya que su pueblo, la cultura aymara, construyó monumentales **edificios** y templos con **grandísimos bloques de piedra orientados** de forma astronómica, perfeccionaron la técnica de la **momificación** y realizaron **hazañas sorprendentes** en el **campo de la medicina**.

Actualmente las ruinas de Tiwanaku están declaradas Patrimonio Histórico de la Humanidad por la UNESCO y están consideradas un **templo vivo** y un centro ceremonial por los descendientes del pueblo aymara, quienes todos los años **se dan cita** en el lugar para **rendir culto** o simplemente para **agradecer** y **acompañar** a sus ancestros. Y **no debe** ser casual que *Tiwanaku*, en **idioma** aymara, **quiera decir** "Ciudad de Dioses".

Una pieza de historia

HONDURAS

Se dice que hay evidencia de que existieron **tribus** maya en el oeste de Honduras. Pero fue Cristóbal Colón en 1502 quien primero **visitó** Trujillo y llamó al país Honduras debido a la **profundidad** del agua en la costa caribeña. La **herencia indígena** de Honduras está simbolizada por el nombre Lempira (**caballero** de las montañas) uno de los héroes nacionales **debido a** la batalla que organizó en los 1530 **contra** los españoles. Debido a la manera cruel en que **mataron** a Lempira, los hondureños **lo honraron** dándole ese nombre a su **moneda nacional.** Los españoles **llegaron** en 1525 y **denominaron** a Comayagua la capital en 1537. Fue 350 años más tarde, en 1880, cuando Tegucigalpa **se convirtió** en la capital. Debido al **oro** y la **plata encontrados** en Trujillo, holandeses y británicos **saquearon** la zona, y **no fue sino hasta** 1787 que los españoles **volvieron** a reclamar su espacio concentrándose en la zona central mientras los británicos **se enfocaron** en las costas.

En 1821 **se otorgó** la independencia a Honduras; luego de ser parte de México brevemente, **se unió** a la Federación Centro Americana. El conflicto entre liberales y conservadores llevó a Honduras a declararse nación independiente en 1838. **Desde ese entonces** ha habido **lucha de poderes**, cientos de **golpes de estado**, rebeliones e irregularidades electorales. Uno de los casos más relevantes fue de los americanos que **trataron** de **manera fallida** de obtener el control de Honduras en 1850. En 1913 los **bananos** eran el 66 por ciento de los productos de exportación del país, siendo el 75 por ciento de compañías americanas. En 1969 Honduras y El Salvador tuvieron una **guerra** (la Guerra del Fútbol) que **duró** 100 horas pero que **afectó** las relaciones entre estos **países vecinos.** En los años 80 Honduras fue **asilo** para los **Contra** cuando los sandinistas **derrocaron** al dictador nicaragüense. Tiempo después, el gobierno examinó el rol de la **base militar estadounidense, se negó** a **firmar** un **acuerdo, despidió** a los Contra de Honduras y Violeta Chamorro ganó las elecciones de Nicaragua en 1990.

se dice/decir: é dito/dizer
tribus: tribos
visitó/visitar: visitou/visitar
profundidad: profundidade
herencia indígena: herança indígena
caballero: cavaleiro
debido a: devido a
contra: contra
mataron/matar: mataram/matar
lo honraron/honrar: o honraram/honrar
moneda nacional: moeda nacional
llegaron/llegar: chegaram/chegar
denominaron/denominar: chamaram/chamar
se convirtió/convertirse: tornou-se/tornar-se
oro: ouro
plata: prata
encontrados: encontrados
saquearon/saquear: saquearam/saquear
no fue sino hasta: não foi até
volvieron/volver: voltaram/voltar
se enfocaron/enfocar: focaram-se/focar-se
se otorgó/otorgar: foi garantida/garantir
se unió/unirse: uniu-se/unir
desde ese entonces: desde esse momento
lucha de poderes: disputa de poderes
golpes de estado: golpes de estado
trataron/tratar: tentaram/tentar
manera fallida: forma malsucedida
bananos: bananas
guerra: guerra
duró/durar: durou/durar
afectó/afectar: afetou/afetar
países vecinos: países vizinhos
asilo: asilo
Contra: guarda nacional de somoza
derrocaron/derrocar: derrubaram/derrubar
base militar estadounidense: base militar norte-americana
se negó/negarse: recusou-se/recusar
firmar: assinar
acuerdo: acordo
despidió/despedir: demitiu/demitir

Los garifunas

BELICE

Todo el mundo **ha oído** hablar alguna vez de los mayas, los aztecas, los **judíos,** los afroamericanos o de tantas otras culturas que **habitaron** algún día, y **todavía** lo hacen, **suelo** americano. **Sin embargo**, **pocos** conocen la cultura garifuna. En estas líneas **nos acercamos** a ella.

La historia de los garifunas **comienza a principios** del año 1600 en la isla de San Vicente, en el Caribe oriental, habitada **en ese entonces** por los indios arawaks. Estos **fueron invadidos** y **conquistados** por otra tribu procedente de **territorio** norteamericano, los kalipunas, que asesinaron a los hombres arawaks y tomaron a sus mujeres como esposas. En 1635, dos buques españoles que **llevaban esclavos** nigerianos **naufragaron** cerca de la **isla**. Al principio, españoles, nigerianos y kalipunas **pelearon los unos contra los otros**, pero **con el paso del tiempo aprendieron** a **convivir** y se realizaron **matrimonios mixtos**, formándose **así** la comunidad garifuna. Sus **integrantes fueron** también **llamados** "caribes negros" (la palabra garifuna **desciende** probablemente del kalipuna).

Más adelante, los ingleses **se apoderaron** de San Vicente por lo que **pasó a ser** una colonia británica. Los "caribes negros", **ayudados** por los franceses, **trataron de mantener** el control independiente de la isla, **aunque sin éxito.**

En 1796, **ambos** "caribes" y franceses **se rindieron**. Los británicos deportaron a los caribes y **los dejaron** en la Isla de Roatán, **frente a** la costa de Honduras.

Los españoles, **arrebatando** la Isla de Roatán, **liberaron** a los garifunas de manos inglesas y **los llevaron** a trabajar a Trujillo, en el centro de España, como **agricultores** y en el **ejército**. Los primeros garifunas que llegaron a la costa de Belice fueron llevados por los españoles, a principios de 1800. **Al tiempo**, Belice fue ayudada por los británicos, quienes la llamaron la "Honduras británica". Los caribes que **continuaban** sirviendo en el ejército español se fueron moviendo **poco a poco hacia** el área de la "Honduras Británica" hasta que, después de la independencia centroamericana, un gran número de garifunas **huyó** hacia la costa de Belice. El 19 de noviembre se conmemora el Día del Acuerdo Garifuna, la mayor fiesta de esta comunidad.

A lo largo de todo el siglo XX, y **de forma gradual**, esta cultura **se esparció**, primero, por toda la costa de Belice y, **posteriormente**, por todo el mundo. Esto **dio como resultado** el **asentamiento** de pequeñas comunidades garifunas en otros lugares como Los Angeles, Nueva Orleans o Nueva York.

Su historia de **lucha** y trabajo ha hecho que la comunidad garifuna se caracterice, sobre todo, por su **fuerza** y su **voluntad** para **conseguir** lo que **se propone** y por defender lo propio. **Será por eso** que hoy la mayoría de ellos mantiene su música, su baile, su lengua, su religión y sus costumbres. **A pesar de** que esta cultura **se expandió** hacia otras ciudades y países, la mayor parte del pueblo garifuno reside todavía en Belice, un país donde **se entremezclan** culturas, lenguas y grupos étnicos que **conviven** en **armonía**, tolerancia y solidaridad.

Examina tu comprensión

El cinco de mayo, página 146

1. O dia cinco de maio é celebrado por todo o México, mas especialmente em que cidade?

2. Muitas pessoas acreditam que o dia cinco de maio é o Dia da Independência Mexicana, que na verdade é em qual dia?

3. O que é comemorado no dia cinco de maio?

4. O que esse evento simboliza para os mexicanos?

Los hijos del sol, página 148

1. Os incas foram invadidos em que século e por quem?

2. A lenda de Cusco descreve a cidade como o quê?

3. Qual foi o evento resultante da divisão do império em 1526?

La independencia de Colombia, página 152

1. Descreva o conflito que ocorreu entre Morales e Llorente que iniciou o processo da independência.

2. A independência realmente chegou à Colômbia quantos anos após esse evento?

3. A liberdade foi obtida sob a liderança de quem?

Un símbolo de la nación, página 154

1. A bandeira chilena é mais que um tecido. O que ela representa para as pessoas?

2. O que representam as três listras horizontais?

3. A bandeira chilena é vermelha, branca e azul. O que essas cores representam?

Teste sua compreensão

La bandera de Mexico, página 155

1. A bandeira mexicana é verde, branca e vermelha. Liste o significado de cada cor.

2. Qual é o emblema da bandeira mexicana e o que ele representa?

3. Descreva a lenda contada no artigo com suas próprias palavras.

San Juan, página 156

1. Quem fundou San Juan e qual era o nome original da cidade?

2. Qual é a praça "favorita" da cidade e o que pode ser encontrado lá?

3. O que as mulheres fizeram quando a cidade esteve sob ataque em 1797?

4. O que é El Morro? O que pode ser encontrado lá?

Las ruinas de Tiwanaku, página 158

1. Por que os historiadores e os arqueólogos acham que essa área pode ter sido um grande centro urbano?

2. Quais maravilhas científicas foram descobertas aqui?

3. O povo Aimara considera a área um templo para qual objetivo?

Los garifunas, página 160

1. Como foi fundada a comunidade Garifuna?

2. Quem "libertou" os Garifunas das mãos inglesas? Para onde foram levados e para quê?

3. Apesar da luta dos Garifunas, quais foram os cinco elementos de sua cultura que conseguiram manter através da força de seu comprometimento com a comunidade?

La tierra que no es labrada llevará abrojos y espinas
aunque sea fértil; así es el entendimiento del hombre.

Santa Teresa de Jesús

Geografía

El Parque Nacional Darién
PANAMÁ

Panamá es **reconocido mundialmente** por **poseer** su capital **rodeada** de **bosques tropicales caracterizados** por la **riqueza** de su biodiversidad. Es que en este país de América Central es posible **acceder** a parques nacionales a **tan sólo** 10 minutos del área urbana. La variedad de plantas y animales que **habitan** allí es difícil de **encontrar** en otras latitudes del mundo, y su abundancia y diversidad **ha imposibilitado** una **clasificación científica definitiva**.

El **mejor ejemplo** del exuberante y **complejo** ecosistema panameño **se encuentra** en la provincia de Darién, **ubicada** en el **extremo oriental** del país. El Parque Nacional Darién **fue creado** en 1980 y **constituye no sólo** el mayor parque del país, **sino** de toda Centroamérica. En 1981 la UNESCO declaró a este paraíso tropical Patrimonio Mundial de la Humanidad por el **valor** de su **ambiente diversificado** y por la riqueza cultural de las tribus aborígenes que allí habitan.

El área protegida del Parque Nacional Darién **atraviesa casi toda** la Provincia y **abarca** desde las costas del Pacífico hasta casi la costa del Mar Caribe. **A lo largo de** esta **superficie** de aproximadamente 579.000 hectáreas, un **manto forestal** de **bosques húmedos** tropicales **definen** el paisaje. **Precisamente**, es en este parque donde nacen los ríos Tuira, Balsas, Sambú y Jaque que luego **recorren** todo el territorio.

La **cordillera** y las **serranías** de la zona son de origen volcánico por lo que resulta interesante observar **piedras** y sedimentos de lava que dan cuenta de la intensa actividad de estos **gigantes de fuego** a lo largo del tiempo.

Como se ha mencionado, también la riqueza cultural caracteriza al Parque Nacional Darién. En la región habitan tres grupos indígenas precolombinos: los Kunas, que **mantienen** poblaciones tradicionales al **pie** de la montaña **sagrada** Cerro Tarcuna; los Emberá, que **moran** en la **ribera** del Chocó; y los Wounaan, muy **cercanos** lingüísticamente y culturalmente a los Emberá. No obstante, también **cabe destacar** la presencia de poblaciones **afrodarienitas**. Estos grupos de **ascendencia** africana **han convivido** durante siglos con los indígenas de la región **creando** un mosaico etnocultural sin precedentes en Centroamérica.

A pesar de la riqueza y reconocimiento mundial del parque, los expertos de la zona **sostienen** que los **esfuerzos** para preservarlo **no han sido suficientes**. Entre los factores que lo **amenazan** se pueden **mencionar** el **avance de la agricultura**, el **manejo** poco responsable de las concesiones forestales, la **cacería** y la **pesca**, los residuos tóxicos, la introducción de especies **no originarias** y los **conflictos armados** del **país vecino**, Colombia.

Para la conservación de la diversidad de la región, los científicos **indican** que es **imprescindible** la regulación y control de la actividad agropecuaria y forestal y la **realización** y **profundización** de estudios de **impacto ambiental** y cultural **antes de proceder** a incorporar infraestructuras que podrían **alterar** el ecosistema.

Sin lugar a duda, la **estratégica ubicación** de este **pulmón** vegetal del Caribe lo convierte en un lugar de encuentro entre la riqueza natural y cultural de América Central y América del Sur. **¿Sabremos preservarla?**

Las islas Galápagos: as ilhas Galápagos
localizadas/localizar: localizadas/
localizar
millas: milhas
emergieron/emerger: emergiram/
emergir
como resultado de: como resultado de
erupciones volcánicas submarinas:
erupções vulcânicas marinhas
edades más antiguas: períodos mais
antigos
sureste: sudeste
edades más recientes: períodos mais
recentes
noroeste: noroeste
seis de los cuales: seis dos quais
unidos formando: unidos formando
estas islas tienen una edad: estas ilhas
têm uma idade
archipiélago: arquipélago
fue descubierto/descubrir: foi
descoberto/ descobrir
Obispo: bispo
dio/dan: deu/ dar
semejanza: semelhança
caparazones: carapaça
tortugas: tartarugas
montura: montaria
silla: sela
cabalgar de mujeres: cavalgar para
mulheres
fueron los primeros: foram os
primeiros
frecuentar: frequentar
era un lugar excelente: era um lugar
excelente
recuperarse: se recuperar
heridas: feridas
arreglar: consertar
naves: navios
buscar agua: procurar água
toma posesión: tomou posse
derecho geografico e histórico: direito
geográfico e histórico

Las islas Galápagos
ECUADOR

Las islas Ga-lápagos están **lo-calizadas** a 965 kilómetros (650 **millas**) de la costa del Ecuador. Las islas Galápagos **emergieron** del

Océano Pacífico hace unos 6 millones de años **como resul-tado de erupciones volcánicas submarinas**. Las **edades más antiguas** de las islas están al **sureste**, mientras que las **edades más recientes** están al **noroeste**, donde también se encuentra toda la actividad volcánica, con ocho volcanes activos, **seis de los cuales** están **unidos formando** la isla Isabela, uno en la isla Fernandina y otro en la isla Marchena, **estas islas tienen una edad** de tres a cinco millones de años.

El **archipiélago fue descubierto** en 1535 por el **Obispo** Fray Tomás de Berlanga, quien le **dio** el nombre de "Islas de los Galápagos" por la **semejanza** de los **caparazones** de las **tortugas** Galápagos con la **montura** o **silla** para **cabalgar de mujeres** de la época. Los piratas **fueron los primeros** en **frecuentar** las islas por 200 años pues este archipiélago **era un lugar excelente** para **recuperarse** de las **heridas** después de los combates, **arreglar** sus **naves** y **buscar agua** y comida para sus nuevos combates.

En el año 1832 el Ecuador **toma posesión** del archipiélago de Galápagos por **derecho geográfico e histórico**.

En el año 1835 llegó Charles Darwin para hacer investigaciones **para sus escritos** de la teoría del "Origen de las Especies" ya que las islas Galápagos eran el **escenario perfecto** para **comprender** los **cambios evolutivos** de las especies. Las islas Galápagos fueron declaradas Parque Nacional por **el gobierno** de Ecuador en 1936 para preservar la flora y la fauna de las trece islas más grandes, seis islas menores y más de cuarenta islas pequeñas **que conforman** el archipiélago.

En 1959 **se crea** la Fundación Charles Darwin para las islas Galápagos, **creada bajo los auspicios** de la UNESCO y de la Unión Mundial para Conservación esta fundación está dedicada a la conservación de los ecosistemas de Galápagos. La flora y la fauna **únicas** de las islas Galápagos **se deben a** diferentes factores como: el origen volcánico, la distancia **hacia el continente**, la dirección de los **vientos** y la **confluencia de** las **corrientes marinas** en donde se produce un **curioso fenómeno**: las aguas del norte son más calientes que la del sur (unos cinco grados centígrados) por lo que hace que en el norte **haya más vida marina**.

La fauna que se puede encontrar en estas islas es **la siguiente**: iguanas marinas, **leones marinos**, pingüinos, **cormoranes**, **garzas**, tortugas marinas, tortugas galápagos, iguanas terrestres, **pinzones**, **gaviotas**, flamencos, pelícanos, **focas**, albatros y **tiburónes ballena** que son **inofensivos para el hombre** ya que **sólo comen peces pequeños**. La flora que se puede encontrar en las islas es la siguiente: **manglare**, **cactus endémicos**, vegetación húmeda, **guaco** y desiertos con cactus.

También se encuentran **paisajes** únicos como **playas blancas**, **radiantes rocas basálticas** obscuras y sólidas, túnel de lava hacia el volcán Scalesiastewarth, que es un cráter, diferentes volcanes, **formaciones de lava y lagunas**.

diversidad genética: diversidade genética

en peligro: em risco

mecanismo: mecanismo

ha sido/ser: foi/ser

proceso evolutivo: processo evolutivo

últimos: últimos

se ha transformado/transformar: transformou-se/transformar-se

principal: principal

amenaza: ameaça

actualmente: atualmente

estiman/estimar: estimam/estimar

desaparece: desaparece

lengua nativa: idioma nativo

precolombina: pré-colombiana

oso hormiguero gigante: tamanduá gigante

bosques espinosos: florestas espinhosas

morador: morador

medir: medir

lengua: língua

larga: comprida

fina: fina

pegajosa: pegajosa

atrapar: capturar

hormigas: formigas

termitas: cupins

deglutirlos/deglutir: engolir/engolir

estrategia de supervivencia: estratégia de sobrevivência

valiosa: valiosa

controlados/controlar: controlados/controlar

no se vuelven plagas: não viram pragas

aunque: embora

podría parecer: pudesse parecer

suma importancia: grande importância

dañinas: nocivas

transforma/transformar: transforma/transformar

suelos: solos

desarrollo futuro: desenvolvimento futuro

El jurumí
PARAGUAY

La **diversidad genética** de las especies de nuestro planeta se encuentra **en peligro**. Si bien este **mecanismo ha sido,** y es, parte del **proceso evolutivo**, en los **últimos** 300 años es el hombre el que **se ha transformado** en la **principal amenaza**. **Actualmente**, algunos especialistas **estiman** que cada 15 minutos **desaparece** una especie.

"Jurumí" es el nombre en guaraní, la **lengua nativa precolombina**, del **oso hormiguero gigante**. Frecuentemente se encuentra en los **bosques espinosos** del Chaco paraguayo. Este típico **morador** de los bosques del Paraguay es un animal que puede llegar a **medir** hasta dos metros de largo y a pesar 40 kilos. Una de sus características más curiosas es su **lengua larga**, **fina** y **pegajosa**, que puede medir hasta 60 centímetros. Gracias a ella, le es posible **atrapar** todo tipo de insectos, fundamentalmente **hormigas** y **termitas**, y **deglutirlos** inmediatamente. Esta **estrategia de supervivencia** es muy **valiosa** para el ecosistema ya que así estos invertebrados están **controlados** y **no se vuelven plagas** para la región. **Aunque** esto **podría parecer** una cuestión menor, es de **suma importancia** ya que las termitas son **dañinas** en las zonas rurales. Su paso **transforma** los **suelos** y afecta el **desarrollo futuro** de la vegetación.

Por otra parte, este oso hormiguero **se caracteriza** por su **escasa** visión y **audición**. **Sin embargo**, su **sentido del olfato** está **altamente** desarrollado y es el que **le permite conseguir** sus mejores **presas** y **subsistir a lo largo del** día.

El jurumí es un animal de **hábitos diurnos**. Por la noche, **duerme** al **aire libre** en **zonas descampadas**. Si bien **se le reconoce** como un animal **sumamente pacífico**, puede llegar a ser peligroso si es **atacado,** ya que cuenta con **garras afiladas** y **antebrazos fuertes**. Aunque es un animal solitario, se le puede ver en pareja durante el **período de cortejo**. La **hembra** del jurumí tiene una sola **cría** por año y el período de gestación es de 190 días. La cría nace en la **primavera** y es frecuente **verla montada** en la **espalda** de su madre. El **recién nacido** es **amamantado** durante seis meses y no estará en condiciones de subsistir independientemente hasta cumplir los 2 años. Si el **cachorro crece** en su ambiente natural suele llegar a vivir 14 años pero, si se desarrolla en **cautiverio**, puede **alcanzar** los 25 años.

Los enemigos naturales del jurumí son el jaguar y el puma. Sin embargo, entre las principales causas que **lo amenazan** hoy se encuentran la destrucción de su hábitat y la **cacería**. Esta última es una práctica tradicional en el Paraguay y en toda Suramérica. Por eso, si bien los **pobladores rurales destacan** la importancia de esta especie y la protegen, son los **cazadores furtivos** los que la ponen en peligro. Afortunadamente, tanto el **gobierno** del Paraguay como diversas organizaciones ecologistas locales **han emprendido** valiosas acciones para protegerla.

se caracteriza: é caracterizado/ caracterizar
escasa: escassa
audición: audição
sin embargo: entretanto
sentido del olfato: sentido do olfato
altamente: altamente
le permite conseguir: permite-lhe conseguir
presas: presas
subsistir: subsistir, sobreviver
a lo largo del: ao longo do
hábitos diurnos: hábitos diurnos
duerme/dormir: dorme/dormir
aire libre: ar livre
zonas descampadas: áreas abertas
se le reconoce/reconocer: é reconhecido/reconhecer
sumamente: extremamente
pacífico: pacífico
atacado/atacar: atacado/atacar
garras afiladas: garras afiadas
antebrazos fuertes: antebraços fortes
período de cortejo: período reprodutivo
hembra: fêmea
cría: filhote
primavera: primavera
verla/ver: a ver/ver
montada/montar: montada/montar
espalda: costas
recién nacido: recém-nascido
amamantado: amamentado
cachorro: filhote
crece/crecer: cresce/crescer
cautiverio: cativeiro
alcanzar: alcançar
lo amenazan/amenazar: o ameaçam/ ameaçar
cacería: caça
pobladores rurales: habitantes rurais
destacan/destacar: destacam/destacar
cazadores: caçadores
furtivos: furtivos
gobierno: governo
han emprendido/emprender: empreenderam/empreender

Paisajes diversos
BOLIVIA

SANTA CRUZ Santa Cruz es un **departamento** muy importante en Bolivia porque tiene un reservorio natural **impresionante llamado** Noel Kempff Mercado. El parque tiene una gran diversidad que **lo hace único**, con ecosistemas naturales y **cuencas hidrográficas** y una fauna rica **compuesta por aves**, reptiles, **mamíferos**, **anfibios**, **peces** e insectos. Su flora **silvestre** es también **muy variada** y **está formada por bosques húmedos**, bosques **inundados**, bosques **secos** y sabanas. El reservorio de Noel Kempff Mercado **fue declarado Patrimonio Mundial de la Humanidad** por la **Organización de las Naciones Unidas** en el año 2000.

LA PAZ La Paz está situada al noroeste de Bolivia, a 3.649 metros **sobre el nivel del mar**, y es **sede del gobierno central**. La capital de Bolivia **se divide** en tres **zonas geográficas diferentes**. La zona del Altiplano, donde se encuentra el lago Titicaca, es la región más húmeda. La **zona subandina** es muy húmeda y tiene una vegetación exuberante. La **zona amazónica** también tiene una vegetación exuberante. La Paz es **la capital más alta del mundo** y **alberga** el centro ceremonial Tiahuanaco, que **se considera** el **sitio arqueológico** más importante de Bolivia. El grupo étnico mayoritario en esta zona son los aymaras y los quechuas, que se caracterizan por su **habilidad artesanal** y su **conocimiento de la medicina tradicional**.

COCHABAMBA Es esencialmente **montañoso** y se encuentra a 2.550 metros sobre el nivel del mar. En este departamento **conviven** diversos grupos étnicos como los cotas, los chius, los collas y los quechuas, quienes actualmente se dedican a la **artesanía** que **fabrican** con materiales de la región. Una de sus atracciones turísticas más importantes es una inmensa estatua de Jesús más alta que el Cristo del Corcovado de Río de Janeiro en Brasil.

Ofrece una **vista panorámica** de la ciudad increíble. Cochabamba es un departamento **agrícola**. Sus productos más importantes son: el **maíz**, el **trigo**, la **cebada**, el **lino**, la **avena**, la **papa**, las **hortalizas**, la **oca** y la fruta.

LAGO TITICACA   El lago Titicaca es el más grande de Sudamérica y tiene, además, la extensión de agua navegable más alta del mundo. Este lago, **compartido** por Bolivia y Perú, es semi-salado y sus aguas tienen un **color azul muy particular**. Tiene 36 islas, varias penínsulas, **cabos** y el **estrecho** de Tiquina. En el lago se encuentran las islas del **sol** y la de la **luna**, famosa por su **leyenda** incaica y por sus importantes ruinas arquitectónicas. **De acuerdo** con la leyenda inca, por **mandato** del Dios Sol, Inti, de sus aguas **surgieron** Manco Kapac y Mama Ocllo, los **fundadores** del Imperio inca. Desde la Isla del Sol, que es muy pequeña, **se puede apreciar** una magnífica vista del lago y se puede ver el **monte** Illimani, donde están el Templo del sol y el Palacio Picolcayna. La Isla de la Luna tiene **playas desiertas** y ruinas incaicas, además de dos lagos. Huatajata es el lago **menor** y el Copacabana que es el **mayor**. Copacabana es muy interesante porque fue un centro ceremonial y de observaciones astronómicas. La fauna del lugar es variada y se encuentran **patos salvajes** y **truchas**.

SORATA   Es un pueblo pequeño **cerca** de La Paz que alberga **cuevas** y **grutas** con **aguas subterráneas calientes** (termas de aguas medicinales) y tiene un clima **templado** y **paisajes maravillosos** como las vistas de la Cordillera Real que están en las montañas Illampu.

TUPIZA   Tupiza está a unos cien kilómetros de la **frontera** con Argentina y al **sureste** de Potosí. Es un lugar muy atractivo con una flora y fauna únicas en Bolivia. La fauna que se encuentra es de aves, **perdices**, patos salvajes, alpacas, **vicuñas** y llamas. La flora del área está formada por **bosques de cactus**, muchos enormes con **flores rojas**, **sauces**, **álamos** y **matorrales**.

Paisajes, flora y fauna

VENEZUELA

Venezuela está en la **costa noroeste** de **Sudamérica**. Sus **países limítrofes** son Guyana al **este**, Brasil al **sur**, Colombia al **oeste** y al **norte** el **Mar Caribe**. La **superficie** del país es de 900,000 **kilómetros cuadrados** y está **dividida** en 23 **estados**. Venezuela tiene un **clima poco variado** debido a que está **cerca** del **ecuador**.

EL SALTO DEL ANGEL

El Salto del Angel está situado en el estado de Bolívar y es la **cascada más alta del mundo**. Fue descubierta por un **piloto norteamericano** alrededor del año 1920 **cuyo** nombre era Jimy Angel y **se dice que él mismo le puso el nombre**. La **altura** del salto o cascada es de unos 900 **metros**, **superando** así a la de Tugala en Sudáfrica, que tiene 948 metros. Alrededor del salto **se puede encontrar** una abundante flora como **orquídeas**, palmeras y **lianas**.

LA GRAN SABANA

La gran sabana está **dentro** del parque nacional Camaima al sur de Venezuela en el estado de Bolívar. En la gran sabana hay ríos y cascadas. También se encuentra una montaña que tiene una **cima plana y paredes verticales llamada** "Tepuy" que son **formaciones de piedras areniscas formadas** por la erosión.

LOS ROQUES Es un archipiélago situado en el mar Caribe a unos 168 kilómetros del puerto de Caracas (la capital de Venezuela); por su **belleza** e importancia ecológica fue declarado parque nacional en 1972. Está formado por cincuenta islas diferentes. La más importante es el Gran Roque, el cual es un lugar muy interesante porque tiene una gran extensión de **mar tranquilo**. También hay lagunas, **cayos**, **playas con arenas blancas** y **aguas cristalinas**. Una de las atracciones turísticas de esta área es la variedad de su fauna marina, como **pulpos**, **tiburones**, **langostas**, **gaviotas** y **garzas**. En el sur está la **fundación científica** "Los Roques" que es una estación biológica dedicada a la preservación de la **tortuga verde**. También se puede encontrar una **extensa variedad de aves** y reptiles como iguanas, camaleones y salamandras.

MARGARITA Es una isla **situada** en el mar Caribe al noroeste de Caracas. Se encuentran playas **con o sin olas**, grandes o pequeñas, **profundas o llanas**, **tibias o calientes**, con **viento** o sin viento. La isla fue descubierta por Cristóbal Colón, **quien le dio el nombre** Margarita. El área marina está formada por una **extensa barranca** de arena y un **conjunto** de lagunas **costeras** con formaciones de manglar. Un atractivo turístico de esta isla es que se pueden practicar todos los **deportes acuáticos**.

LOS LLANOS Los **llanos** se encuentran en el sur de Venezuela. Son extensas **sabanas** donde la vegetación y la fauna es muy variada.

El atractivo turístico más popular y **más visitado** es la **Cueva del Guácharo**, una formación natural donde están los guácharos y **pájaros** de **plumaje oscuro**. Allí se puede apreciar una galería de figuras de animales y **santos**, altares. La vegetación que caracteriza a esta zona es las sabanas, los **palmares**, los **bosques secos** y los bosques de galerías. Esta **zona se caracteriza** por la **cantidad** de animales que se pueden observar, como el **chigüire**, la **rana platanera**, el **venado**, la **baba**, el **pavón**, **culebras**, anacondas, tortugas, **zorros** y armadillos.

bañada: banhada
kilómetros cuadrados: quilômetros quadrados
superficie: superfície
mar abierto: mar aberto
alberga/albergar: abriga/abrigar
clima seco: clima seco
veranos: verões
días calurosos: dias quentes
noches frescas: noites frescas
inviernos: invernos
pocas lluvias: poucas chuvas
estrecha: estreita
franja de tierra: faixa de terra
a través de: através de
olas: ondas
romper: quebrar
acantilados: falésias
delfines: golfinhos
lobos y elefantes marinos: leões e elefantes-marinhos
tantas especies: muitas espécies
aves: aves
destacable: destacável
pingüinos: pinguins
gaviotas: gaivotas
palomas: pombas
espectáculo mayor: maior espetáculo
ofrece/ofrecer: oferece/oferecer
gratuitamente: gratuitamente
alumbramiento: nascimento
mamífero: mamífero
parir: parir
ballenatos: filhotes de baleia
villa balnearia: vila balneária
tomar: fazer
lancha: lancha
se adentran: adentram
aguas cristalinas: águas cristalinas
en mano: em mão
quieren/querer: querem/querer
verlas saltar: vê-las pular
a pesar de: apesar de
toneladas: toneladas
chorro: jato
expulsan/expulsar: expelem/expelir
largo aliento: longa respiração
escuchar: escutar
alaridos: alaridos/gritos
gran aleta dorsal: grande nadadeira dorsal
cola: cauda
alguna vez: alguma vez
única manera: única forma
austral: austral, do sul
en vivo y en directo: ao vivo e a cores

Las ballenas de Valdez

ARGENTINA

La Península de Valdez, **bañada** por el océano Atlántico, es uno de los santuarios ecológicos más importantes del mundo. Con 4.000 **kilómetros cuadrados** de **superficie** total, 110 kilómetros de costas a **mar abierto** y 150 kilómetros de costas a los golfos Nuevo y San José, **alberga** seis reservas naturales. Con **clima seco**, tiene **veranos** con **días calurosos** y **noches frescas**, e **inviernos** fríos con **pocas lluvias**.

El Istmo Carlos Ameghino es la **estrecha franja de tierra** que conecta la península con el continente, **a través de** la que se puede ver la fuerza de las **olas** del océano Atlántico **romper** contra los **acantilados** de la costa. Toda esta zona es muy rica en fauna marina: **delfines**, **lobos y elefantes marinos,** toninos y orcas son algunas de las **tantas especies** que pueden encontrarse. La familia de las **aves** también es **destacable**: desde **pingüinos** y **gaviotas**, hasta albatros y **palomas** antárticas.

Pero el **espectáculo mayor** que **ofrece** la naturaleza **gratuitamente**, año a año, es la reproducción y el **alumbramiento** de la ballena franca. De julio a diciembre, este **mamífero** llega en grupos a esta agua para **parir** sus **ballenatos**. En Puerto Pirámides, una pequeña **villa balnearia**, pueden verse desde la costa, pero para estar a muy pocos metros de ellas es necesario (¡y recomendable!) **tomar** una de las excursiones en **lancha** con las que cientos de turistas **se adentran** en las **aguas cristalinas**. Todos con cámara fotográfica **en mano quieren verlas saltar a pesar de** sus **toneladas** de peso. Ver el **chorro** por donde **expulsan** su **largo aliento**. **Escuchar** sus **alaridos**. Y ver su **gran aleta dorsal** y su **cola**. Algo que quizás vieron **alguna vez** en un libro, foto o video pero imposible de ver en un zoológico. La **única manera** de ver a la ballena franca **austral** es **en vivo y en directo** y Argentina ofrece esa oportunidad única.

La Reserva de El Vizcaíno

MÉXICO

A **primera vista** el **desierto** de la Península de Baja California **parece ser** uno de los lugares mas **desolados** y solitarios del mundo. **Sin embargo**, lo que **aparenta** ser un **lugar inhospitalario** es **en realidad** un **santuario biológico** para un gran número de plantas y animales. **Compuesta de** aproximadamente 2,540,000 hectáreas, La Reserva de la Biosfera El Vizcaíno es considerada la área protegida más grande de LatinoAmérica. La reserva **se encuentra** en la parte norte del estado de Baja California Sur, México. Esta área **inmensa contiene** más de cuatrocientas especies de vegetales y más de trescientas especies de animales, **incluyendo mamíferos, aves**, reptiles y anfibios.

A pesar del **clima seco** y **árido** en el desierto, hay una variedad de plantas que **sobreviven abundantemente** en este ambiente. Entre ellas se encuentra el mesquite, **usado** por los nativos para hacer **fogatas**. También esta la pitaya con su **fruta deliciosa** y similar a la **tuna del nopal**. Otras plantas de esta zona incluyen el maguey que es un ingrediente importante del tequila, la biznaga y la savila con sus **propiedades curativas** y una variedad de otros cactus como la cholla y el cardón. **Algunos** de los animales en este desierto incluyen el coyote, la víbora de cascabel, el nurciélago, varios tipos de venado y lagartijas **al igual que** el conejo silvestre, la ardilla, el borrego cimarróne con sus **cuernos enroscados**, el gato montes o puma, y el zorrillo. Entre los **pájaros** de esta área están la chupa rosa, el cardenal, el pájaro carpintero, la paloma serrana, el gavilán, el aguila y el zopilote.

Aunque un lugar **caluroso** y con **poca agua**, el desierto de Baja California Sur es **hogar** para un gran número de diversas plantas y animales bien **adaptados** para vivir en este **ambiente duro**. **Gracias a** la reserva biológica **podrán seguir viviendo sin miedo** de la intervención humana.

maravilloso: maravilhoso

tiene lugar: ocorre/ocorrer

a lo largo: ao longo

costa oeste: costa oeste

espectáculo: show, espetáculo

empieza/empezar: começa/começar

invierno: inverno

ballenas grises: baleias-cinzentas

comienzan/comenzar: começam/começar

viaje migratorio: uma viagem migratória

templadas: mornas

recorren/recorrer: percorrem/percorrer

millas: milhas

científicos: cientistas

abordan/abordar: aproximam/aproximar

barcos: barcos

cerca: perto

meta final: objetivo final

lagunas: lagoas

calientes: quentes

dan a luz: dão à luz

crías: filhotes

recién nacidas: recém-nascidas

miden/medir: medem/medir

alrededor de: aproximadamente

pesan/pesar: pesam/pesar

libras: libra (equivale a 0,45 quilo)

mamás: mamães

proveerán/proveer: fornecerão/fornecer

galones de leche por día: galões de leite por dia

contenido de grasa: contendo... de gordura

aumenten/aumentar: aumentem/aumentar

gordura: gordura

sobrevivir: sobreviver

heladas: geladas

verano: verão

La laguna de San Ignacio
MÉXICO

Cada año hay un evento de la naturaleza **maravilloso** que **tiene lugar a lo largo** de la **costa oeste** de Norteamérica. Este **espectáculo empieza** en **invierno**, aproximadamente entre octubre y febrero. Las **ballenas grises comienzan** un **viaje migratorio** desde las aguas frías de Alaska y Canadá hasta las aguas **templadas** de México. Durante este viaje las ballenas **recorren** casi 5.000 **millas** y pueden ser observadas desde la costa. Muchos curiosos, y especialmente los **científicos**, **abordan barcos** para ver las ballenas desde más **cerca**.

La **meta final** de esta gran migración son las **lagunas** de Baja California en México. Allí, en aguas más **calientes**, las ballenas **dan a luz** a sus **crías**. Las ballenas **recién nacidas miden alrededor de** 15 pies de largo y **pesan** unas 2.000 **libras**. Durante los primeros seis meses, las **mamás proveerán** hasta 50 **galones de leche por día** con un **contenido de grasa** del 56 por ciento, lo que hará que las crías **aumenten** de peso entre 60 y 70 libras al día. Esta **gordura** es necesaria para que las ballenas puedan **sobrevivir** en las aguas **heladas** del norte durante el **verano**.

Una de las lagunas más populares para las ballenas es la de San Ignacio. Esta laguna es muy importante para los científicos porque **ha tenido** poco **impacto humano** y **está protegida** por el gobierno de México como reserva natural.

En esta laguna se ha observado un fenómeno tan increíble que ni los científicos pueden explicarlo. Normalmente, cuando un animal **salvaje es seguido** por un humano, **se retira** y muchas veces **huye**. **Lo mismo** pasa con las ballenas grises en el mar. Pero en la laguna, por alguna **razón** que no comprendemos todavía, **parece** ser que estas ballenas no tienen miedo de la gente. Es más, **se acercan** a las **lanchas** y **dejan** que las personas **las toquen**. Es realmente un **acto sorprendente** y **único**, algo que **cambia** la vida de cualquier persona que **lo haya experimentado**.

Las ballenas grises son un gran **tesoro** de la Laguna de San Ignacio y **vale la pena** proteger estas magníficas criaturas y su laguna maravillosa para que puedan seguir **criando, creciendo** y viviendo como parte de nuestro gran sistema ecológico.

ha tenido/tener: teve/ter
impacto humano: impacto humano
está protegida/proteger: está protegida/proteger
salvaje: selvagem
es seguido/seguir: é seguido/seguir
se retira/retirarse: recua/recuar
huye/huir: foge/fugir
lo mismo: o mesmo
razón: motivo
parece/parecer: parece/parecer
se acercan/acercarse: aproximam-se/aproximar-se
lanchas: lanchas
dejan/dejar: deixam/deixar
las toquen/tocar: as toquem/tocar
acto sorprendente: ato surpreendente
único: único
cambia/cambiar: muda/mudar
lo haya experimentado/experimentar: tenha experimentado/experimentar
tesoro: tesouro
vale la pena/valer la pena: vale a pena/valer a pena
criando/criar: procriando/procriar
creciendo/crecer: crescendo/crescer

NOTA CULTURAL

A língua tem sido um assunto central na educação e cultura porto-riquenha desde 1898. Até 1930 as autoridades norte-americanas insistiam em tornar o inglês o idioma de ensino nas escolas, com o objetivo de gerar falantes de inglês da cultura americana da mesma forma como é feito nas escolas públicas dos Estados Unidos. Mas devido à forte resistência a essa política, finalmente houve uma mudança tornando o espanhol o idioma básico aprendido nas escolas, e o inglês ficando como a segunda língua estudada por todos. Em 1991, a legislatura porto-riquenha seguindo a liderança do Partido Democrático Popular e o governador, Rafael Hernández Colón, sancionou um projeto de lei que tornou o espanhol a língua oficial da ilha, revertendo dessa forma uma lei de 1902 que reconhecia tanto o espanhol quanto o inglês como línguas oficiais. Em 1993, o governador Pedro J. Rossello assinou uma lei restaurando o status igual entre ambas as línguas. Estima-se que Porto Rico tenha aproximadamente 4 milhões dos 332 milhões de hispanofalantes.

Examina tu comprensión

Parque Nacional Darién, página 166

1. O parque nacional de Darién é um ótimo exemplo de nosso complexo ecossistema. Que organização honrou o parque?

2. Descreva as pessoas e tradições que constituem a diversidade étnica e cultural do parque.

3. Como a diversidade dessa região está sendo preservada?

Las islas Galápagos, página 168

1. Que evento natural resultou na criação das Ilhas Galápagos?

2. Por que os piratas foram os primeiros a frequentar essa ilha?

3. Que inglês estudou o Galápagos e escreveu um livro sobre a evolução? Qual é o nome do livro?

El jurumí, página 170

1. O que é *El Jurumí?*

2. Qual é a "melhor característica" do *Jurumí* e para o que serve (para si próprio e para o meio ambiente)?

3. Qual é o melhor sentido do *Jurami* e por que isso é importante?

4. Quais são os inimigos do *Jurami* que podem contribuir para sua extinção?

Paisajes diversos, página 172

1. O que faz a reserva natural do mercado Noel Kempff ser única?

2. Descreva as três áreas de *La Paz*.

3. Que atração turística pode ser encontrada em *Cochabamba?*

4. Além da vegetação, o que mais faz *Copacabana* ser interessante?

Teste sua compreensão

Paisajes, flora y fauna, página 174

1. Quais são as famosas quedas d'água da Venezuela e como são chamadas?

2. O que são "*Tepuyes*"?

3. Qual é a ilha mais importante em *Los Roques* e por quê?

4. Você encontrará no sul de *Los Roques* uma fundação científica que é dedicada ao quê?

Las ballenas de Valdez, página 176

1. Qual é o nome da faixa de terra que conecta a península ao continente?

2. Qual é o "grande show" que pode ser visto lá?

3. Quais partes da baleia podem ser vistas, e o que você poderá vê-las fazendo?

La Reserva de El Vizcaíno, página 177

1. Como é o clima em *La Reserva* de la *Biosfera El Vizcaíno*?

2. Quais são os usos das plantas *mesquite* e *maguey*?

La laguna de San Ignacio, página 178

1. Quando as baleias-cinzentas começam sua jornada e quantas milhas de litoral percorrem?

2. Por que as baleias-cinzentas migram para o México?

3. Para que serve o alto teor de gordura no leite materno?

4. Qual é a incrível experiência que você pode ter e por que ela é incomum?

El amor es tan importante como la comida.
Pero no alimenta.

Gabriel García Márquez

Gastronomía

cuando era niña: quando eu era criança

solía: costumava

cortar: cortar

tallos: talos

árbol de la lechosa: mamoeiro

limpiaba/limpiar: limpava/limpar

me los daba: dava-me

vaso: copo

lleno de: cheio de

jabón: sabão

balcón: varanda

soplar burbujas: soprar bolhas

pasatiempos: passatempos

monda/mondar: é descascada/descascar

luego se corta: depois é cortada

pedazos finos: tiras finas

se hierven/hervir: são fervidos/ferver

mientras: enquanto

se les añade: adiciona-se/adicionar

azúcar: açúcar

canela: canela

lista: pronta

se pone/poner: é colocada/colocar

nevera: geladeira

la mejor manera: a melhor forma

acompañada: acompanhada

queso blanco: queijo branco

leche de cabra: leite de cabra

aún se disfruta/disfrutar: é apreciada/apreciar

hogares: lares

prueben/probar: provem/provar

postre: sobremesa

tendrán/tener: terão/ter

pedazo: pedaço

El dulce de papaya

PUERTO RICO

Cuando era niña, mi abuelo **solía cortar** los **tallos** del **árbol de la lechosa.** Los **limpiaba** y **me los daba** junto a un **vaso lleno de** agua con **jabón.** Yo me iba con mis tallos al **balcón** para **soplar burbujas** al aire. Este era uno de mis **pasatiempos** favoritos.

La lechosa es una fruta exquisita. El "dulce de lechosa" es muy popular en Puerto Rico. La fruta verde se **monda** y **luego se corta** en **pedazos finos.** Los pedazos **se hierven** y, **mientras** lo hacen, **se les añade azúcar** negra y **canela** hasta que la fruta esté suave. Cuando ya está **lista, se pone** en la **nevera.**

La mejor manera de comerla es **acompañada** con **queso blanco** de **leche de cabra.** Ésta es una receta de los abuelos que **aún se disfruta** en la mayoría de los **hogares** puertorriqueños así como en muchos de nuestros restaurantes típicos.

Prueben este delicioso **postre** y **tendrán** un **pedazo** de Puerto Rico en sus hogares.

El mate

ARGENTINA

El mate es una infusión muy popular **entre** los argentinos. **Para prepararlo no se necesita más que yerba mate**, **bombilla**, un mate y agua. **Sin embargo**, **en realidad**, el mate es **más que eso**. Es un ritual, una tradición y una costumbre con un particular **significado que hacen** de esta **bebida algo** muy especial.

Hay distintas y **variadas** formas de **tomarlo**: con **azúca**r o **amargo**, muy caliente o frío con **jugo de naranja**, con **una cucharadita de café** o con **yuyos**. Pero **nunca debe hacerse** con **agua hervida** porque **se lava**.

Se toma **solo** o en **compañía**. O con la sola compañía del mate. Cuando **se pasa de mano en mano** debe **respetarse** la **ronda**, y **no decir** "gracias" hasta **llegar al punto** de **no querer más**. La yerba es lo único que hay siempre en todas las casas argentinas. Y **si un día** uno **se quedara sin yerba**, un **vecino amablemente le dará**.

El mate es **compañerismo**, es generosidad. Es la hospitalidad de la invitación. La **alegría** de la **charla compartida** o el **alivio** de **nunca sentirse** del **todo solo**. El mate **iguala, une** y **ayuda** a **sanar** los **corazones heridos**.

El dulce de leche

ARGENTINA

Si bien muchos **sostienen** que el dulce de leche **nació** en **tierras** argentinas, su origen **no es bien conocido**. Chile, Perú y Uruguay **se disputan** también la **paternidad** de este **dulce**, uno de los **alimentos** más **arraigados** entre los **rioplatenses**. **Cualquier postre** o **torta rellena** con él **convierte** una **vulgar receta** en un **manjar** propio de **dioses**. **Se come** a cualquier hora, con **galletitas**, tortas, **tostadas, flanes**, con **panqueques** o, simplemente, a cucharadas. También se usa para la elaboración industrial de productos como **helados** y yogures.

Aunque es más fácil y rápido comprarlo en un supermercado, el dulce de leche **hecho en casa** es mucho más rico. Aquí va la receta:

Ingredientes:

> 2 litros de leche
> 1/2 kilo de azúcar
> ¼ **cucharadita** de bicarbonato de sodio
> 1 **chaucha** de vainilla (opcional)

Preparación:

Coloque todos los ingredientes en un **recipiente** grande, **preferentemente** de **cobre** o aluminio, **a fuego fuerte** hasta que **rompa a hervir**. **Revuelva evitando** que **se derrame.** Con el fuego un poco más bajo, **deje** hervir durante unas horas hasta que **tome** un color marrón acaramelado y comience a **espesar**.

Baje el fuego al mínimo revolviendo **a menudo** con una **cuchara de madera**.

Para determinar **si está listo**, coloque un poquito de dulce en un plato y **fíjese** que **no se corra**. **Retire** del fuego y continúe revolviendo durante un rato hasta que **se entibie**.

UN DULCE CON HISTORIA

Algunos cuentan que la leche condensada fue la **antecesora** del dulce de leche. En la Francia de 1700, Napoleón Bonaparte **necesitaba encontrar** la **manera** de transportar más **fácilmente** la leche (elemento esencial para sus hombres en las **campañas militares**) sin que **se cortase**. Así, nació la leche condensada, que se obtiene también de la concentración **por acción del calor** de la **mezcla** de leche e **hidratos de carbono** (azúcar).

Sin embargo, según la tradición oral **bonaerense** el dulce de leche se originó algún día del año 1800 en una **estancia** del interior, donde Juan Manuel de Rosas, jefe de la Fuerza Federal y su opositor, el Comandante del ejército Unitario Juan Lavalle, **se encontraban** por motivos políticos.

La leyenda cuenta que una **criada** de Rosas estaba haciendo la lechada (leche caliente azucarada) para servir a su patrón, cuando al llegar Lavalle, **cansado** por el viaje, **se acostó** en un **catre** en el que usualmente **descansaba** Rosas. La criada, al encontrar ocupado el lugar por el **jefe enemigo**, **dio aviso** a la guardia **olvidando** la leche que hervía en la **olla** y **cuyo contenido se transformó** en la **mezcla** que hoy **se conoce como** dulce de leche.

La deliciosa papa

PERÚ

¿Quién no ha saboreado un **puré de papas**, unas papas **al horno**, unas papas **fritas** o una **ensalada** de papa? Todos estos **platos** están preparados con el **tubérculo** más famoso del mundo, la papa o patata, que **apareció** en este planeta hace **miles** de años y que, además, **cuenta con** más de 3.000 **variedades** en el Perú, su país de origen.

Según estudios científicos, este vegetal **se cultivó** cerca del Lago Titicaca, entre los territorios del Perú y Bolivia, unos 10.000 años atrás. Las **muestras** más antiguas **datan** del período neolítico, es decir, 8.000 años ante de Cristo, y se **hallaron** en unas **cuevas** llamadas Tres **Ventanas**, en la localidad de Chilca, a 65 kilómetros al sur de Lima.

Esta planta **forma parte** de la historia peruana y, junto con el **maíz, se constituyó** en la base de la **alimentación** del **Imperio** incaico. Según una de las **leyendas** sobre la fundación de este **reino**, Manco Cápac, el primer Inca, junto con su **esposa** Mama Ocllo emergieron del Lago Titicaca para **enseñar** a los hombres el **cultivo** de este vegetal.

Este tubérculo **no era conocido** en Europa antes del **descubrimiento** de América. Los conquistadores españoles **lo llevaron** al viejo mundo en la segunda mitad del siglo XVI desde el Perú. España fue el primer país europeo donde **se introdujo** este alimento. Desde allí **pasó** a Italia, Francia, Alemania, Inglaterra y el resto de los países europeos.

Al principio, los europeos **se resistieron** a **comerla atribuyéndole** propiedades tóxicas. En Francia fue necesario que **el propio rey pusiera de moda** la flor de la papa en la corte, para **obligar** a los nobles a cultivarla en sus tierras.

Fue la **escasez** de alimentos en los años que precedieron a la Revolución Francesa, lo que **acabó imponiendo** su **consumo** en varios países europeos, **salvando** así a Europa de la **hambruna.**

LA GASTRONOMÍA PERUANA

La patata es uno de los ingredientes fundamentales de la **fina** gastronomía peruana. Entre los platos más exquisitos **sobresalen** la papa a la huancaína (papas **sancochadas cubiertas** con una salsa hecha de **queso fresco**, **aceite**, **ají** y **galleta remojada** en leche) y la ocopa (papas sancochadas **acompañadas** de **crema de almendras**, **huacatay**, queso fresco y leche). También **destacan** la papa **rellena** (papa sancochada **amasada** y rellena con **carne picada**, cebolla y **pasas** fritas en aceite bien caliente) y la causa (papa sancochada y amasada con un poco de aceite, limón y ají, y rellenada con **verduras**, **pollo** o **pescado**).

Quizás para el común de los **pobladores** del mundo este alimento de los incas sea algo simple y hasta **soso**, pero si visita Perú **se encontrará** con toda una tradición al **degustar** este tubérculo andino **lleno de** historia y sabor.

papas: batatas	
cocidas: cozidas	
peladas: descascadas	
cebollas verdes: cebolinhas	
lavadas: lavadas	
rebanadas: fatias	
huevo crudo: ovo cru	
cucharada: colher de sopa	
perejil: salsa	
finamente picado: picada fininha	
taza: xícara	
queso: queijo	
gratinado: gratinado	
al gusto: a gosto	
pimienta negra: pimenta preta	
haga/hacer: faça/fazer	
puré: purê	
añada/añadir: adicione/adicionar	
forme/formar: forme/formar	
mezcla: mistura	
caliente: quente	
fuego medio-alto: fogo meio-alto	
deben/deber: devem/dever	
quedar bien doradas: ficar bem douradas	
quemadas/quemar: queimadas/queimar	
betabeles: beterrabas	
diente de ajo: dente de alho	
cucharadita: colher de chá	
jugo: suco	
mitad: meio	
macere/macerar: amasse/amassar	
molcajete: pilão	
corte/cortar: corte/cortar	
agregue/agregar: adicione/adicionar	
los demás: os demais	
déjelo/dejar: deixe/deixar	
refrigerar: esfriar	
servir: servir	
póngalo/poner: coloque/colocar	

Recetas con papas
MÉXICO

TORTA DE PAPA

Ingredientes:

2 ½ libras de **papas, cocidas** y **peladas**
2 **cebollas verdes, lavadas** y cortadas en **rebanadas**
1 **huevo crudo**
1 **cucharada** de **perejil finamente picado**
1 cucharada de aceite de olivo
1 **taza** de **queso gratinado**
Sal **al gusto**
Pimienta negra al gusto
Aceite de olivo para freír

Preparación:
Haga un **puré** con las papas. **Añada** el huevo, el perejil, la cebolla, el queso, la cucharada de aceite de olivo y la sal y la pimienta a su gusto. **Forme** la **mezcla** en cuatro hamburguesas. **Caliente** el aceite y fría la carne sobre **fuego medio-alto** en los dos lados. **Deben** de **quedar bien doradas** pero no **quemadas**.

ENSALADA DE PAPA CON BETABEL

Ingredientes:

4 papas medianas, cocidas y peladas
4 **betabeles** medianos, cocidos y pelados
1 **diente** de ajo
½ **cucharadita** de sal
¼ de taza de aceite de olivo
El **jugo** de la **mitad** de un limón
Pimienta negra al gusto

Preparación:
Macere el ajo con la sal en un **molcajete**. **Corte** las papas y los betabeles en rebanadas. **Agregue los demás** ingredientes y **déjelo refrigerar** una hora antes de **servir**. **Póngalo** en un platón bonito.

Ensalada de yuca

CUBA

Ingredientes:

2 **libras** de yuca
2 **dientes** de **ajo**
½ **cdta.** de sal
¾ **taza** de mayonesa
½ taza de cilantro **picadito**
7 **tomatines miniatura**
½ taza de **aceite de oliva**
3 **cdas.** de **jugo de naranja**
6 tazas de **lechugas**, **lavadas** y **bien secas**

Preparación:
Sancoche la yuca en agua con sal **hasta** que esté **blanda**. **Escurra** muy bien y **deje refrescar**. En una **vasija mezcle bien** la mayonesa con el **ajo machacado** y el jugo de naranja. **Al final**, se le **agrega el** aceite de oliva en chorrito y sal y pimienta **al gusto**. Esta salsa **se puede preparar** unas **horas antes**. Ahora **corte** la yuca en **trocitos** e incorporer en la salsa. Al final se le agrega el cilantro picadito. **Sirva sobre** las **hojas de lechuga** y **decore con** los tomatines.

yuca: mandioca, aipim
libras: libras
dientes: dentes
ajo: alho
cdta.: colher de chá
taza: xícara
picadito: picado
tomatines miniatura: tomate cereja
aceite de oliva: azeite de oliva
cdas.: colheres de sopa
jugo de naranja: suco de laranja
lechugas: alface
lavadas/lavar: lavado/lavar
bien secas/secar: bem seco
sancoche: fervente/ferventar
hasta: até
blanda: macia
escurra/escurrir: escorra/escorrer
deje refrescar: deixe esfriar
vasija: vasilha
mezcle bien/mezclar: misture bem/misturar
ajo machacado: alho amassado
al final: depois
agrega el/agregar: adicione/adicionar
al gusto: a gosto
se puede preparar: pode ser preparada
horas antes: horas antes
corte: corte/cortar
trocitos: pedacinhos
sirva sobre: sirva sobre
hojas de lechuga: folhas de alface
decore con/decorar: enfeite com/enfeitar

Vocabulario de la cocina

cocer al horno: assar
rociando: polvilhando
albardilla: batedeira
punto de ebullición: ponto de ebulição
escaldar: escaldar
caldo: caldo
chorrito: fio (de um líquido)
cortar en cuadritos: cortar em cubos
guarnición: guarnição
escurrir: escorrer
cuajar: coalhar
hacer puré: fazer purê
glasear: colocar glacê
rallado: ralado

molido, pulverizado: moído
hierba: erva
herbario: herbário
jengibre: gengibre
albahaca: manjericão
laurel: folha de louro
romero: alecrim
nuez moscada: noz-moscada
jugoso: suculento
congelado: congelado
barbacoa/parrillada: churrasco
batir: bater
migas de pan: migalhas de pão
pedazo grande: pedaço grande
apagar: desligar

saltear: fritar levemente
sazonar: temperar
estofado: refogado
cortado en cuatro: cortado em quatro partes iguais
taza para medir: xícara de medida
cucharones: conchas
papel de aluminio: papel de alumínio
fregadero: pia da cozinha
comedor: sala de jantar
escoba: vassoura
congelador: freezer
lavaplatos: lava-pratos
gabinete: gabinete

Camarones en salsa blanca
MÉXICO

La **primera vez** que fui a México con mi **esposo** estábamos **recién casados** y era febrero. El día de San Valentín **me llevó** a su restaurante favorito. **Se llamaba** El Rubí. ¡La **carta** era una delicia! ¡Camarones en salsa blanca! **Ese sigue** siendo **hoy en día** uno de mis platos favoritos.

Ingredientes:
12 camarones grandes sin pelar
½ **cucharadita** de sal
1 taza de agua
½ taza de **harina blanca**
8 onzas de **mantequilla salada**
½ taza de **vino blanco seco**
3 ¾ tazas de **leche fría**
1 **frasco mediano** de chile rojo dulce, **exprimido**, **cortado** en **rajas**
½ taza de **perejil**, **lavado** y picado
Sal y pimienta negra al gusto

Preparación:

En una **sartén grande derrita** la mantequilla a **fuego medio-alto** y **añada** la harina, **moviéndolo** todo hasta que **espese**. **Agregue** el vino y la leche fría y **siga removiendo** con el fuego algo más bajo. Continúe **así** hasta que espese y **retírelo** del fuego. **Sazone** con sal y pimienta negra. **Mientras tanto**, caliente una taza de agua con media cucharadita de sal. **Cuando hierva**, añada los camarones y **déjelos hervir** durante un minuto. **Quítelo** del fuego y **enjuague** los camarones con agua fría. Quite la **cáscara** y **séquelos** con un **trapito de cocina**. Caliente el horno a 400 grados F. En una **cacerola de vidrio**, **ponga** la salsa blanca y los camarones, y **adórnelo** con las rajas de chile y el perejil. **Métalo** en el **horno** durante 10 minutos. **Se puede servir** con puntos de **pan tostado** y una ensalada.

Carnitas

MÉXICO

Los domingos es típico **salir temprano** a comprar carnitas. El **olor** de estos **pedacitos** de **carne de puerco**, hechos en grandes **ollas de cobre**, es incomparable. Sin embargo, ¡yo **prefiero hacerlos** en mi cocina!

Ingredientes:

5 **libras** de carne de puerco **cortada en cubos** de tres **pulgadas**
2 libras de **manteca vegetal**
1 **cucharada** de sal
1 **cucharadita** de **pimienta molida fresca**
5 **dientes de ajo**
1 **cebolla** grande, **pelada** y **en cuartos**
3 **trozos** de naranja sin pelar
1/3 de **taza** de leche
Para servir: Guacamole y tortillas frescas y **calientes**

Preparación:

Ponga sal y la pimienta a la carne **por todos lados**. En una **sartén** grande o una **cacerola** grande (preferiblemente de **hierro**), **dore** la carne **a fuego alto** en la manteca ya **derretida** durante unos 20 ó 30 minutos. Es necesario mover la carne **de vez en cuando**. **Añada** la cebolla, la naranja y el ajo. **Baje** el fuego hasta el mínimo posible y **déjelo cocer** una hora. Ponga entonces la leche y **mueva** bien todos los ingredientes. Después de media hora, **apáguelo** y **saque** los pedazos de carne. **Sirva** la carne en un **platón bonito acompañada del** guacamole y **cómala** como tacos con las tortillas calientes después de **deshebrar** la carne. **¡Buen provecho!**

salir: sair
temprano: cedo
olor: odor, cheiro
pedacitos: pedacinhos
carne de puerco: carne de porco
ollas de cobre: panelas de cobre
prefiero/preferir: prefiro/preferir
hacerlos/hacer: cozinhá-los/cozinhar
libras: libras
cortada en cubos: cortada em cubos
pulgadas: polegadas
manteca vegetal: gordura vegetal
cucharada: colher de sopa
cucharadita: colher de chá
pimienta molida fresca: pimenta moída fresca
dientes de ajo: dentes de alho
cebolla: cebola
pelada/pelar: descascada
en cuartos: cortada em quatro
trozos: pedaços
taza: xícara
calientes: quentes
ponga/poner: coloque/colocar
por todos lados: toda
sartén: frigideira
cacerola: caçarola
hierro: ferro
dore/dorar: doure/dourar
a fuego alto: em fogo alto
derretida: derretida
de vez en cuando: de vez em quando
añada/añadar: adicione/adicionar
baje/bajar: abaixe/abaixar
déjelo cocer: deixe cozinhar
mueva/mover: mexa/mexer
apáguelo/apagar: apague o fogo/apagar
saque/sacar: tire/tirar
sirva/servir: sirva/servir
platón bonito: refratário bonito
acompañada del: acompanhado por
cómala/comer: coma/comer
deshebrar: cortar
¡Buen provecho!: bom apetite!

Sangría, la bebida del verano

ESPAÑA

Seguramente, usted ha visto en la **tienda** o supermercado sangría **embotellada**. **Y si le gusta** la sangría, ¿por qué no **prepararla** en casa? Esta bebida es popular y **refrescante**, y **puede servirse** con **casi cualquier plato**, para **comer** o para **cenar**. **A pesar de** sus **orígenes humildes** en España, es ahora una bebida **conocida en todo el mundo**. Sus ingredientes básicos son: **vino tinto**, **azúcar** y frutas. Pero si **usted quiere**, **también puede añadir** brandy, **ron** o Bacardi. El vino es Rioja tinto, pero también **se utiliza** cualquier vino tinto, **incluso** vino blanco.

La **receta no es siempre la misma**. **Podemos cambiar** las frutas, las **cantidad** de azúcar, el tipo de vino e incluso añadir, si queremos, el licor. ¡Puede ser **divertido** crear **nuestra propia** Sangría!

Ingredientes:

Una **botella** de Rioja u otro vino tinto
Azúcar **al gusto**
Un limón en **rodajas finas**
Una **naranja** en rodajas finas
Melocotón y/o **manzana cortados** en **pequeños trozos**
Gaseosa
Licor: al gusto (opcional)

Preparación:

Mezclar todos los ingredientes y **dejar reposar** unas horas en el **frigorífico**. Es importante que la **mezcla** repose unas horas, para que la mezcla tenga el **sabor adecuado**.

Después de ese tiempo, **agitar** y añadir el azúcar, el licor y la gaseosa, que puede ser de limón o naranja, pero es mejor la gaseosa **sin sabor**.

Cuando bebamos la sangría, añadir **hielo** y **servir lo más fría posible**.

La chicha

ECUADOR

La chicha es una **bebida alcohólica** que las comunidades indígenas **toman** todos los días. El **significado** de la chicha es comida, bebida, **hospitalidad** y también la **fuerza**.

Se prepara todos los días para que **permanezca fresca. Muy temprano en la mañana** las mujeres se van a **la chacra** con los niños para **sacar** la **yuca madura. Mientras** ellas trabajan cantan **"anent"** para que los niños **aprendan la costumbre. Cuando llegan** a casa **meten los tubérculos** en **una olla** con un poco de agua **tapados** con **unas hojas** estén **cocinadas**.

Cuando están listas la mujer **saca** la olla de **la candela** y empieza a **aplastarlos** con el **"taink"**. Es mejor hacerlo cuando la yuca está caliente porque se **deshace fácilmente. Sin embargo**, el "alma" es la parte interna fibrosa; **hay que machacarla** muy bien. Cuando todo está machacado la mujer **vuelve a colocarla** en la olla y **la deja toda la noche fermentando**.

La mujer que la preparó también **la sirve en presencia de** su **marido**. Ella la mezcla bien con los dedos y es importante **no tocar** su mano **al coger** el "pinink". **Rechazar** la chicha es **grave** porque significa **desprecio** o **desconfianza**.

¡**Acuérdense**, si usted visita el oriente, **prepárense para tomar** chica!

---

bebida alcohólica: bebida alcoólica
toman/tomar: bebem/beber
significado: significado
hospitalidad: hospitalidade
fuerza: força
se prepara/preparar: é preparada/preparar
todos los días: todos os dias
permanezca fresca: permaneça fresca
muy temprano en la mañana: de manhã muito cedo
la chacra: chácara
sacar: pegar
yuca madura: mandioca madura
mientras: enquanto
anent: música cerimonial cantada durante a plantação da mandioca
aprendan la costumbre: aprendam o costume
cuando llegan: quando chegam
meten los tubérculos: colocam os tubérculos
una olla: numa panela
tapados/tapar: cobertos/cobrir
unas hojas: umas folhas
cocinadas/cocinar: cozidas/cozer
saca: tira
la candela: fogo
aplastarlos: amassar
taink: tipo de amassador de mandioca
deshace facilmente: desfaz facilmente
sin embargo: entretanto
hay que machacarla/machacar: deve amassá-la/amassar
vuelve a colocarla: coloca de volta
la deja/dejar: deixa/deixar
toda la noche fermentando: a noite toda fermentando
la sirve/servir: serve/servir
en presencia de: na presença de
marido: marido
no tocar: não tocar
al coger: segurar
pinink: vasilha usada para beber a chicha
rechazar: recusar
grave: grave
desprecio: desprezo, desdém
desconfianza: desconfiança
acuérdense: lembrem-se
prepárense para tomar: preparem-se para beber

El turrón

ESPAÑA

Aunque el turrón **está disponible** todo el año, todos **lo comemos** en Navidad. **Digamos** que el turrón es **imprescindible** durante estas celebraciones. **Hay muchos tipos** de turrón: de **yema, coco,** chocolate, etc. Pero el turrón por excelencia es el turrón de almendra. Hay dos tipos de turrón de almedra: turrón de Alicante (**llamado también** "turrón **duro**") y turrón de Jijon (o"turrón **blando**"). **El primero** está **hecho con trozos** de almendras, y **el segundo** con almendras **molidas**.

Aproximadamente **un mes antes de Navidad**, todos los comercios tienen ya **a la venta** gran variedad de turrones. Pero este año **intentaremos** hacer **nuestro propio** turrón en casa.

Seguidamente encontrarás la receta del turrón de Alicante.

Ingredientes:
1 Kilo (2,20 **libras**) de **miel**
500 gramos (1,10 libras) de azúcar
2 **claras de huevo**
1,5 Kilos (3.30 libras) de almendras **tostadas** (Puedes tostarlas en el **horno**).
la **corteza de un limón**

Preparación:
Primero, **coceremos a fuego lento** la miel, en un **cazo, hasta que espese** (hasta que el agua **que contiene se evapore**). **A continuación** añadir el azúcar y **mezclar**. Se recomienda usar una **espátula de madera**.

Batir las claras de huevo **a punto de nieve** y **añadirlas** a la mezcla. **Remover con energía** durante **unos diez minutos** hasta que la mezlca **se oscurezca**. Añadir las almendras y la corteza de limón. Mezclar bien y cocer a fuego lento, **cuidando de** que **no se pegue**.

Seguidamente **verteremos** la mezcla en **moldes de madera forrados** con **papel vegetal**. Después de dos horas y media, el turrón estará listo. **Conservar** los trozos, cuando estén **completamente fríos**, en un **envase hermético**.

Tradicional comida

GUATEMALA

ARROZ CON LECHE

Ingredientes:

2 **tazas** de **arroz**
4 tazas de **leche**
2 **huevos**
1 ½ tazas de **azúcar**
1 taza de **pasas sin semilla**
4 **ramas** de **canela**
Agua

Preparación:
Lave el arroz. **Cocínelo hasta suavizarlo**. Ponga al **fuego** la leche, el azúcar y la canela. **Retírelo del fuego** cuando la leche **tenga el sabor de la** canela. **Cuélelo**. **Mezcle** la leche con una **batidora eléctrica** y **añada** los huevos. Mezcle el arroz con leche, el azúcar y la canela. **Ponga** al fuego y añada las pasas, **revolviendo** constantemente. Se **sirve frío o caliente**, adornado con **canela en polvo**.

LA FRITADA
Ingredientes:

1 Kg de **costilla de cerdo**
1/2 **taza de agua**
Sal
4 **dientes** de **ajo**
1 **cebolla blanca cortada en** 4 **trozos**
1 **ramita de apio**

Preparación:
En un **sartén grueso** poner todos los ingredientes, excepto la cebolla. **Cocinar** a **fuego alto**, dando **vueltas** a la **carne**, hasta que se **evapore toda el agua**. **Bajar** a llama media y **seguir friendo, aplastando** las **partes grasosas** de la carne, durante 25 a 35 minutos, **o hasta** que **se dore** en la **manteca que suelta**. **Añadir** el apio y la cebolla en los **últimos 15 minutos**. La fritada **debe estar muy dorada**, de color café. Típicamente se sirve con papas y **plátano maduro**.

¡está poniéndose de moda!: está se tornando moda!
actualmente: atualmente
hablan de este tipo de dieta: falam deste tipo de dieta
podemos econtrar: podemos encontrar
principales: principais
cuando se estudiaron las costumbres alimenticias: quando os hábitos alimentares foram estudados
descubrieron/descubrir: descobriram/ descobrir
los habitantes de estas zonas: os habitantes destas áreas
bajo nivel de colesterol: baixo nível de colesterol
comparados con: comparados com
consumidores anglosajones: consumidores anglo-saxões
consumían/consumir: consumiam/ consumir
con más calorías: com mais calorias
grasas: gorduras
al contrario: pelo contrário
se basa/basarse: é baseada/basear
en menor cantidad: em menor quantidade
así: assim
se ha creado/crearse: foi criada/criar
a lo largo de los siglos: ao longo dos séculos
nos dieron/dar: deram-nos/dar
berenjena: berinjela
alcachofa: alcachofra
hortalizas: hortaliças
llegaron/llegar: chegaram/chegar
pimiento: pimentão
ahora que ya sabemos: agora que já sabemos
saludable: saudável
enfermedades vasculares: doenças vasculares
reduce/reducir: reduz/reduzir
diario: diário
lácteos: laticínios
semanal: semanal
mensual: mensal
moderado: moderado
varios países: vários países
su propia: sua própria
no penséis/pensar: não pense/pensar
pobre en sabor o variedad: pobre em sabor ou variedade
como seguidora: como seguidora
he probado: provei/provar

La "dieta mediterránea"

ESPAÑA

El concepto de "Dieta Mediterránea"... **¡está poniéndose de moda! Actualmente**, los mejores "maitres" de la cocina española **hablan de este tipo de dieta. Podemos encontrar** muchas páginas web que hablan sobre esta cocina, pero, ¿Cuál es el origen de la dieta mediterránea? Y ¿cuáles son sus **principales** características?

Sobre su origen, **cuando se estudiaron las costumbres alimenticias** de los países mediterráneos, (Grecia, Italia, Francia, España, etc.), **descubrieron** que en general **los habitantes de estas zonas** tenían un **bajo nivel de colesterol, comparados con** los **consumidores anglosajones**, centroeuropeos o norteamericanos, que **consumían** dietas **con más calorías**, más carnes, **grasas**, dulces y mantequilla. **Al contrario**, la dieta mediterránea **se basa** en los cereales, verduras, frutas, vino, pescados y... ¡también, pero **en menor cantidad! Así**, la dieta mediterránea **se ha creado a lo largo de los siglos**. Por ejemplo: los romanos y los griegos **nos dieron** "los tres productos mediterráneos", esto es, pan, vino y aceite de oliva. Más tarde, la cultura árabe nos dio la **berenjena**, la **alcachofa**, y muchas otras **hortalizas**. Y la dieta mediterránea también está influenciada por el descubrimiento de América: de allí **llegaron** el tomate, el **pimiento**, la patata o el maíz.

Ahora que ya sabemos sobre el origen de la dieta mediterránea, ¿Cuáles son sus características? Primero, es una dieta **saludable** y beneficiosa que previene las **enfermedades vasculares**, ya que **reduce** el nivel de colesterol. Segundo, el uso de aceite de oliva es muy importante. Tercero, gran consumo de productos vegetales y frutas. Cuarto, consumo **diario** de productos **lácteos** (yoghurt, leche, queso etc.) Quinto, consumo **semanal** de pescados. Sexto, consumo **mensual moderado** de carnes. Podemos encontrar la dieta mediterránea en **varios países**, y cada uno de estos países tiene **su propia** gastronomía basada siempre en este tipo de dieta.

Y ahora una nota personal: **No penséis** que esta dieta es **pobre en sabor o variedad**. Yo, **como seguidora** de esta cocina, **he probado** platos realmente deliciosos!

Un delicioso postre: flan de huevo

LATINOAMÉRICA

Uno de los **postres** más populares de Latino América es el **flan de huevo**, **aunque** también **puede** ser de vainilla, chocolate, etc... ¿Qué ingredientes **necesitamos** para esta receta?

Ingredientes:

1 **litro de leche**
7 **cucharadas grandes** de **azúcar**
1 **corteza de limón**
6 huevos
canela (un trozo pequeño)

Preparación:

Muy bien; **ahora**, **para preparar** el flan, **seguiremos los siguientes pasos**: Colocar la **bandeja del horno** a **altura media** y **precalentar** a 350ºF.

Hervir la leche con el azúcar, la canela y la corteza de limón. Mientras **se calienta** la leche con los demás ingredientes, **batir** los huevos en un recipiente.

Mezclar la leche caliente con los huevos batidos. **Antes de verter la mezcla** en las **flaneras**, verter en ellas un poco de caramelo líquido. Pero **si no tenemos, podemos hacerlo así**: Mezclar **una taza pequeña** de azúcar con 1/3 de agua y calentar **a fuego lento hasta que** el azúcar **se disuelva**. **Subir el fuego** y **no remover** la mezcla, **hasta que tome un color ámbar oscuro**. Verter el caramelo inmediatamente en las flaneras. (Nota: Personalmente, **yo utilizo** caramelo líquido; **podéis comprarlo** en **cualquier tienda** y es **más útil que hacerlo en casa**.)

Verter la mezcla caliente de leche, azúcar, canela y corteza de limón en las flaneras caramelizadas. (**No llenarlas hasta arriba**.) Colocar las flaneras dentro de una **cacerola** con agua caliente. El agua caliente **debe llegar a media altura** de las flaneras. **Cocer** en el horno durante 30 minutos aproximadamente. **Para saber** cuándo está hecho el flan, introducir una **aguja de tejer** o un **tenedor**. **Si está limpio**, el flan está hecho.

Sólo **tenemos que esperar** a que los flanes **se enfríen**.

postres: sobremesas
flan de huevo: flã de ovo
aunque: embora
puede/poder: possa/poder
necesitamos/necesitar: precisamos/ precisar
litro de leche: litro de leite
cucharadas grandes: colheres de sopa cheias
azúcar: açúcar
corteza de limón: casca de limão
canela: canela
un trozo pequeño: um pedaço pequeno
ahora: agora
para preparar: para preparar
seguiremos los siguientes pasos: seguiremos os seguintes passos
colocar: colocar
bandeja del horno: bandeja do forno
altura media: meia altura
precalentar: preaquecer
hervir: ferver
se calienta/calentarse: é esquentado/ esquentar
batir: bater
mezclar: misturar
antes de verter la mezcla: antes de despejar a mistura
flaneras: fôrma de flã
si no tenemos: se não há
podemos hacerlo así: pode ser feito assim
una taza pequeña: uma xícara pequena
a fuego lento: a fogo baixo
hasta que: até que
se disuelva/disolverse: se dissolva/ dissolver
subir el fuego: aumentar o fogo
no remover: não tirar
hasta que tome un color ámbar oscuro: até que fique castanho escuro
yo utilizo/utilizar: eu uso/usar
podéis comprarlo: pode ser comprado
cualquier tienda: qualquer loja
más útil que hacerlo en casa: mais útil que fazer em casa
no llenarlas hasta arriba/llenar: não encher até em cima/encher
cacerola: caçarola
debe llegar a media altura: deve chegar até o meio
cocer: cozer
para saber: para saber
aguja de tejer: palito de fósforo
tenedor: garfo
si está limpio: se sair limpo
tenemos que esperar: temos que esperar
se enfríen/enfriar: esfriem/esfriar

Examina tu comprensión

El dulce de papaya, página 184

1. Para que as crianças porto-riquenhas usam os talos do mamoeiro?

2. Qual é a comida que serve com um bom acompanhamento para o doce de mamão retratado neste artigo?

El mate, página 185

1. Cite algumas formas com as quais o mate é servido.

2. Na Argentina, se acabar a sua erva-mate, qual é a solução natural?

3. O hábito de beber mate com os amigos une as pessoas num bate-papo e encoraja o companheirismo. Qual é o outro benefício inesperado para o coração?

La deliciosa papa, página 188

1. Quantas variedades de batata originárias do Peru existem?

2. Os peruanos encontraram uma forma de fazer a simples e insossa batata ficar cheia de sabor e história. Descreva os ingredientes usados na batata recheada.

Ensalada de yuca, página 191

1. Quantas libras de yuca são usadas na salada?

2. Que tipo de suco é usado na salada de mandioca?

3. Que vegetal é usado para enfeitar a salada?

Camarones, página 192

1. Qual é o nome do restaurante que faz essa receita?

2. Qual é o tipo de bebida alcoólica usada nesse prato?

Teste sua compreensão

Carnitas, página 193

1. Quantos dentes de alho são usados nessa receita?

2. Qual é o tipo de carne que é o principal ingrediente desse prato?

3. O que acompanha as carnitas?

Sangría, página 194

1. Qual é o principal ingrediente dessa bebida?

2. Quais são as frutas usadas?

3. Depois do vinho e das frutas serem misturados, quanto tempo ela deve repousar para assegurar o sabor adequado?

La chica, página 195

1. Que significado cultural é associado com a chicha?

2. La chicha é uma bebida alcoólica feita com quê?

El turrón, página 196

1. Quanto de mel é usado para fazer esse doce?

2. Esse doce é feito um mês antes de qual feriado?

3. Onde esse doce é armazenado?

La dieta mediterrânea, página 198

1. Quando os hábitos alimentares foram estudados e o que foi descoberto sobre aqueles que comem a tradicional dieta mediterrânea?

2. Aqueles que comem a dieta mediterrânea consomem mais ou menos calorias que aqueles que comem a dieta anglo-saxã?

Respuestas

Cultura

Vejigantes, página 4 1. África. 2. Cristãos e mouros. 3. Casca de coco, a polpa da fruta é retirada e a casca vira máscara. **De tapeo, página 6** 1. Para ficar com os amigos, falar sem parar, animar, "animar a alma e alguém". 2. Província de Cádiz. 3. Ele cobriu a garrafa de vinho com uma fatia de presunto, para que a areia não estragasse a bebida. 4. Champignons ao alho, embutidos, azeitonas recheadas, batatas picantes, lula. **La siesta en Argentina, página 8** 1. A palavra *siesta* vem da palavra latina "sixta", que significa a sexta hora do dia, correspondendo à metade do dia, entre as 13 e 15 horas. 2. Repor as energias, aliviar a ansiedade, clarear a mente e estimular a criatividade. 3. Alivia a tensão, previne o envelhecimento e prolonga a vida. 4. 15 a 30 minutos e nunca mais que 40 minutos. **Pescando con "caballos", página 10** 1. Botes rústicos feitos de junco chamados "caballitos de totora". 2. Mais de 1.200 anos. 3. Perda de interesse pelas futuras gerações, barcos de arrastão estão acabando com os peixes e o crescimento urbano. **Los alebrijes, página 12** 1. Madeira, papelão, papel machê. 2. Cópias de animais em cores vivas e brilhantes, como tartaruga, borboletas, escorpiões e sapos. 3. A lenda de Pedro Linares: aos 30 anos ficou doente e inconsciente na cama, teve sonhos com burros com asas, galos com chifres, leões com cabeça de águia e cachorros com patas de aranha. A uma voz alta gritou a palavra "alejibres" e com esse grito ele acordou de sua doença. Depois de recuperado quis que sua família e amigos conhecessem os animais que os salvou, e começou a criá-los. **La pollera, página 14** 1. A *pollera montuna* surgiu como um traje diário ou para trabalhar; a *pollera de encajes* é vestida em feriados ou ocasiões especiais. 2. As flores são feitas a mão e podem ser feitas a partir de um fino arame enrolado, escamas de peixe ou seda. 3. Chapines; podem ser feitos de cetim ou veludo. 4. A exata origem da *pollera* é desconhecida, embora alguns acreditem que tenha raiz espanhola. **El gaucho, página 16** 1. Um símbolo do folclore de grande importância que simboliza liberdade e individualidade. 2. Serve como arma ou ferramenta de trabalho; duas pedras arredondadas unidas por uma corda feita de couro trançado. 3. Calça larga nas pernas, cintura com uma faixa ou um cinto, feita de tecido ou couro e adornada com prata e outros metais, lenço no pescoço, chapéu de aba larga, poncho como casaco, botas de couro, ou quando não está em seu cavalo, pode ser visto usando alpercatas (sandália que se prende ao pé por tiras de couro ou de pano). **El Rodeo y los "Huasos", página 19** 1. O trabalho forçado dos fazendeiros e a necessidade de reunir o gado. 2. Capacidade ou habilidade, força física e destreza.

Viaje

Barrio Gótico, página 24 1. Uma antiga cidade romana. 2. Puente de los Suspiros – Ponte dos Suspiros. 3. Calçar sapatos confortáveis. **Colonia del Sacramento, página 26** 1. Roupa de lã ou de couro, porta-copos decorados, caixas de alfajores, brincos, chapeus e luvas feitos a mão, brinquedos de madeira. 2. Sair com o mate debaixo do braço, passeando pelo porto com a família ou amigos. **Verano en enero y febrero, página 28** 1. Minissaias e bermudas. 2. Durante o dia, você pode caminhar pelo calçadão, sentar perto do mar, observar os surfistas. À noite, pode ir a um show, uma cafeteria ou dançar. 3. Mar del Plata. 4. Pinamar y Cariló, a praia e a floresta, a areia amarela contra a madeira escura cria uma atmosfera mágica. **Mallorca y sus castillos, página 30** 1. São conhecidos por sua beleza e localizam-se no mar Mediterrâneo. 2. Forma circular; foi construído para o rei Jaime I, que estava doente e padecendo de tuberculose e precisava de um lugar para recuperar-se e descansar. 3. O castelo foi queimado para ser desinfetado da praga, depois foi limpo e pintado. **Un paraíso en el Caribe, página 32** 1. Montanhas, semideserto, florestas tropicais, praias. 2. Casa de campo, desfrutar de um ambiente semelhante ao das cidades do Sul da França, à beira-mar. 3. Cobras venenosas. **Varadero, arenas blancas, página 34** 1. Vida marinha. 2. A famosa Baía dos Porcos. 3. Cueva de Ambrosio: desenhos rupestres. La Casa de la Cultura: cultura cubana, artistas locais, teatro e aulas de dança. Museo Municipal de Varadero: peças históricas e culturais. **Turismo Rural, página 37** 1. O meio ambiente, a falta de multidões, relaxamento, passeios de bicicleta e visitas às fazendas. 2. *Casas rurales* e *hoteles rurales*; ambos são casas de aldeia antigas, ou castelos reconstruídos para alojamento. 3. Pesquisar na internet. **San Miguel de Allende, página 38** 1. EUA e Canadá. 2. Língua espanhola e arte. **Tulum, página 39** 1. Padres, matemáticos, engenheiros, astrônomos; eram considerados seres dotados.

Respostas

Tradición

Chichicastenango, página 45 1. Santo Tomás. 2. "Palo Volador". 3. O manuscrito de Popol Vuh, o livro sagrado dos maia-quichés. **Pachamama, página 46** 1. *Pacha* significa universo, mundo, tempo e lugar; *mama* significa mãe. Agradeciam por tudo que a Mãe Terra lhes dava (ela fazia as sementes crescerem e as frutas amadurecerem). 2. Espigas de milho, grãos, chicha, cigarros, folhas de coca, álcool, cerveja e vinho. 3. Papel picado ou confete simboliza felicidade; artesanatos de lá feitos à mão simbolizam desejos e promessas. **Una Navidad en Paraguay, página 49** 1. Verão. 2. Um presépio ou manjedoura, decorado com flores de coqueiro. **La gritería, página 50** 1. Fogos de artifício. 2. "Quem causa tanta alegria?" "A concepção de Maria". **Gaspar, Melchor y Baltasar, página 52** 1. Grama e água para os camelos dos Reis Magos. 2. Abre as portas da fortaleza e oferece uma festa com música e comida para as crianças, que com sua inocência devolvem esperança e alegria. **7 de julio San Fermín, página 54** 1. Ernest Hemingway; *O sol também se levanta*. 2. Mais de 400 anos. 3. Feriado comercial com touradas, música, correr de touros, fogos de artifício. **Viva el novio! página 56** 1. Encontraram seu carro cheio de balões. 2. Um antigo convento restaurado que era um mosteiro. 3. Valsa. **Castillos en el aire, página 58** 1. Ficam em pé nos ombros dos outros, formando uma espécie de torre humana. 2. Avós, pais, filhos e netos. 3. Calça branca justa, faixa preta na cintura, camisa larga com a cor do grupo, lenço vermelho na cabeça e descalços.

Celebración

La Mama Negra, página 64 1. Em homenagem à Virgem da Merced pela proteção na erupção do vulcão em 1742, e o Dia da Independência (23 de setembro). 2. Leva uma boneca preta e cavalga até a Igreja da Merced. 3. Xamãs que realizam o exorcismo para limpar as almas. 4. Estrela = Anjo Gabriel; Mouro = a chegada dos espanhóis no Equador; Capitão = exército. **Día de los Muertos, página 66** 1. Vida, alegria e encarar o medo da morte. 2. "Para a morte o caixão, para os vivos o festão." 3. Caveiras, feitas de açúcar; ossos, feitos de pão doce. **Festeja su independencia, página 68** 1. Festas pátrias. 2. Uma semana, começando no dia 18 de setembro. 3. Os músicos ficavam em carroças com teto de palha e tocavam seus instrumentos para atrair o público para as mesas com tortas, licores etc. 4. "El palo ensebado" (pau de sebo). Um pau de madeira com 5 a 6 metros de altura, preso na terra, untado com gordura e que os competidores devem tentar escalar para pegar o prêmio que está em cima. **Menudo Tomate, página 70** 1. Um grupo de jovens se envolveu numa briga e começou a jogar frutas e vegetais entre si, e outras pessoas acabaram se envolvendo. 2. 120 toneladas; 1 hora. 3. Reúnem-se para tomar café da manhã para fortalecerem-se para a batalha e trazer o carregamento de tomates. **La Virgen de la Candelaria, página 74** 1. 2 de fevereiro e dura 15 dias; para homenagear e agradecer à Virgem da Candelária e à Mãe Terra. 2. Capital do Folclore Peruano, porque o planalto andino está cheio de símbolos e manifestações artísticas e culturais da cultura quéchua, aimara e mestiça. No Estádio Enrique Torres Bellón, concursos de música e dança e shows. **La Pascua y Semana Santa, página 76** 1. Na Sexta-feira é lembrada a crucificação, em algumas casas se pratica o jejum, outros acham que é um dia de silêncio e reflexão. 2. O sábado é dedicado para lamentar a morte de Cristo. **La fiesta con más gracia, página 78** 1. Os vizinhos; reciclam objetos, potes de iogurte, caixas de ovos, caixas de papelão. 2. A mais original, a mais iluminada, ecológica e bonita. O prêmio é que há mais visitantes e venda de comidas e bebidas. **Carnaval de Cadiz, página 80** 1. Durante fevereiro. 2. A cidade de Cadiz tem um dos mais importantes esportes marítimos. Começaram a celebrar como o Carnaval de Veneza, mas com o tempo fizeram suas próprias adaptações. 3. O concurso oficial de canto e dança.

Respuestas

Personas

García Márquez, página 88. 1. Estudou Direito. 2. Romances de suspense. 3. Jornalismo. 4. Kafka, Faulkner, Virginia Wolf e Hemingway. **Diego Rivera, página 90** 1. Frida Kahlo. 2. Tetos e paredes de prédios públicos com um grande conteúdo social. 3. A história do México. 4. Revolução social mexicana, resistência à opressão estrangeira, valorização indígena, suas raízes, o passado e o futuro do país. **Frida Kahlo, página 92** 1. Não conseguir gerar uma criança; tinha uma dor contínua na coluna, pernas e por todo o corpo. 2. Autorretrato. 3. Diego Rivera; trabalhavam juntos, pintando murais sociais. **Celia Cruz, página 94** 1. Animar o mundo. 2. A cantar no Carnegie Hall. 3. Tumor cerebral. **Rubén Darío, página 95** 1. Poeta e escritor. **Che Guevara, página 96** 1. Sofria com asma. 2. Descobriu a miséria dominante entre as massas e opressão imperialista, e foi educado segundo a ideologia marxista. Tornou-se ativamente político e começou a trabalhar nos sindicatos. 3. Foi executado por soldados bolivianos em Havana, Cuba. **Unamuno, página 98** 1. Reitor, suas visões políticas o levaram ao fim do trabalho. 2. Memórias sobre seu amor e crises pessoais sobre religião. **Andrés Segovia, página 100** 1. 4 anos; 16 anos. 2. Seu violão não produziu som suficiente para encher o salão do show. Ele experimentou madeiras e designs diferentes para aumentar naturalmente a amplificação do violão. 3. Sua transcrição do Chaconne de Bach. **Eduardo Galeano, página 102** 1. Uma trilogia que descreve a história americana através de personagens reais e fictícios; o primeiro volume inclui lendas e mitos indígenas sobre a chegada dos europeus. A segunda é a história durante o século XIX. A terceira fala sobre eventos detalhados do século XX. 2. Caminhar pelo calçadão, aproveitando o ar fresco e o mar, ou numa cafeteria.

Deportes

Imitar a los pájaros, página 108 1. Não é necessário nenhum treinamento especial. 2. Um antigo mirante sagrado. 3. Río Pintos. **Acampando en San Felipe, página 109** 1. Ao norte de Baja California. 2. Extremamente desértico. 3. As estrelas e a lua, não há luz na cidade. **Surfing en Costa Rica, página 110** 1. Águas quentes, milhas de litoral, pessoas agradáveis e preços acessíveis. 2. Dezembro – abril. 3. Não deixar o relógio, passaporte e objetos de valor no painel do carro. **El Fútbol, página 112** 1. Uma bola ou camisa de um time de futebol. 2. Ir para o campo e jogar uma pelada com os amigos. 3. Paixão, arrepio na pele dos fãs, tensão, alegria, amargura, choro e gritos. **Jai Alai, página 114** 1. Uma palavra de origem vasca que significa festa alegre; Pelota Vasca. 2. Ação e velocidade. 3. A quadra tem três paredes; a parede principal é feita de granito, as outras de cimento. 4. Tênis. **Sierra Nevada, página 116** 1. Por todo o inverno, e começo da primavera. 2. Com cores. 3. Passeio a cavalo e com bicicleta de montanha. **Senderismo en el Perú, página 118** 1. Litoral quente, cordilheira, rios e floresta amazônica. 2. Grau de aventura, risco e emoção que se deseja experimentar. 3. A cidade foi feita para caminhadas; não sabiam o que era cavalo, nem a roda, então todas as suas viagens eram a pé. 4. 4 dias.

Música

Bailando al son de merengue, página 124 1. Africana e Europeia. 2. Violão, acordeão, tamborim. 3. Década de 60. **Instrumentos musicales, página 125** 1. Búzio e caveira de veado. 2. Folha de palmeira. 3. Tronco de abacateiro. **El arte flamenco, página 126** 1. Dança, música e violão. 2. Andaluzia. 3. Começou como música, depois cresceu para incluir o violão. 4. Acompanhamento e para solos. **El reguetón está "rankeao", página 128** 1. Rap, hip hop e reggae com influência das danças típicas *la bomba* e *la plena*, sons do tambor e um ritmo fácil de lembrar. 2. As realidades das ruas, pontos de vista sociais, amor e paixão. 3. *Picharea*: para ignorar; *guerlas* ou *gatas*: garotas; *guillao*: orgulho; *flow*: estilo; *yales*: mulheres; *gata fina*: menina conservadora; *corillo*: grupo de pessoas; *perrear*: um termo dado pelos porto-riquenhos para a dança do reguetón. **Tango, página 130** 1. Espanha, França, Alemanha e Polônia. 2. Marinheiros, artesões, peões. 3. Prostíbulos. 4. Na década de 40. **Mariachi, página 134** 1. Índios Coca; música. 2. Violinos, trompetes e violões de vários tipos e tamanhos. 3. Um tipo de violão com o pescoço curto e uma barriga larga na parte de trás. **Candombe, página 136** 1. Nos arredores de Montevidéu, ao anoitecer, durante os fins de semana do verão, nas esquinas. 2. Origem africana; ajuda a manter a cultura africana no Uruguai. 3. Quadros e musicais/teatro. **La música andina, página 138** 1. Alegria, tristeza, solenidade, festivo e de guerra. 2. Nove flautas amarradas enfileiradas, feitas de junco. 3. Paul Simon.

Respostas

História **Cinco de Mayo, página 146** 1. Puebla. 2. 16 de setembro. 3. Vitória mexicana sobre o exército francês. 4. Valor, determinação e patriotismo. **Los hijos del sol, página 148** 1. Século XVI; invasores espanhóis. 2. Era considerado o centro do mundo. 3. Guerra Civil. **La Independencia de Colombia, página 152** 1. Morales enfeitou a mesa de Llorente com um vaso de flores, este reagiu da pior forma e insultou os crioulos, Morales o agrediu. A briga continuou até a Plaza de Bolívar. 2. Nove anos no dia 7 de agosto de 1819. 3. Simon Bolívar. **Um símbolo de la nación, página 154** 1. Propriedade e patriotismo. 3. Três poderes do Estado; soberania, lei e força. 3. Vermelho = sangue derramado; branco = neve da cordilheira; azul = céu limpo da cidade. **Bandera de Mexico, página 155** 1. Verde = independência e esperança; branco = pureza dos ideais nacionais; vermelho = sangue perdido na guerra. 2. Uma águia sobre um nopal lutando com uma cobra; a força e história mexicana. 3. Indígenas Astecas chegaram a um grande vale e viram uma lagoa com uma ilhota no meio. Ali tinha uma águia sobre um nopal florescido devorando uma cobra. Concluíram que era um sinal dos deuses e construíram ali Tenochtitlán, que hoje é a capital do México. **San Juan, página 156** 1. Juan Ponce de León; Caparra. 2. Plaza de San José; a estátua de bronze de Juan Ponce de León. 3. Organizaram uma procissão improvisada, caminhando pelas ruas, carregando tochas e tocando sinos. 4. Um antigo forte. Um túnel de labirintos, calabouços, cabanas e guaritas. **Ruinas de Tiwanaku, página 158** 1. Por causa do sofisticado sistema de agricultura. 2. Grandes blocos de pedra orientados de forma astronômica, aperfeiçoamento da técnica de mumificação, realização de façanhas surpreendentes na área de medicina. 3. Homenagear e agradecer a seus ancestrais. **Los Garifunas, página 160** 1. Composto por uma mistura de espanhóis, nigerianos e nativos kalipunas que com o passar do tempo se tornaram a comunidade Garifuna. 2. Os espanhóis; os levaram para trabalhar como fazendeiros e para servir no exército. 3. Música, dança, idioma, religião e hábitos.

Geografia **Parque Nacional Darién, página 166** 1. Unesco. 2. Os indígenas pré-colombianos viviam na base da montanha sagrada Cerro Tacuna, na ribeira do Chocó. Há também a população dos descendentes africanos. 3. Os cientistas indicam que é essencial regular e controlar a agricultura e as florestas, e estudar o impacto ambiental. **Las Islas Galápagos, página 168** 1. Erupções vulcânicas submarinas. 2. Para recuperarem-se de seus ferimentos de batalha. 3. Charles Darwin; *A origem das espécies*. **El Jurumí, página 170** 1. Tamanduá enorme. 2. Língua comprida, fina e grudenta; pega comida e ajuda a controlar os insetos do meio ambiente. 3. Sentido do olfato; ajuda-o a sentir o cheiro das presas. 4. Jaguar, puma, caçadores e destruição do meio ambiente. **Paisajes diversos, página 172** 1. Ecossistema diversificado, bacias hidrográficas, vida selvagem. 2. Na área do planalto há o lago Titicaca, e é a região mais úmida. A área subandina é muito úmida e tem uma vegetação exuberante. A área amazônica também tem uma vegetação exuberante. 3. Uma enorme estátua de Jesus. 4. Centro cerimonial e centro de observação astronômico. **Paisajes, flora y fauna, página 174** 1. Queda d'água do Anjo; por causa do piloto Jimmy Angel. 2. Formações rochosas. 3. Gran Roque, por causa do mar calmo, grande vida marinha. 4. A preservação da tartaruga verde. **Las ballenas de Valez, página 176** 1. Istmo Carlos Ameghino. 2. Migração, reprodução e nascimento das baleias. 3. Vê-las pular, expelir água na respiração, fazer barulho, grande nadadeira dorsal e cauda. **La Reserva de El Vizcaíno, página 177** 1. Seco, quente e árido. 2. *Mesquite*: usada para fazer fogueiras; *Manguey*: é um ingrediente da tequila. **Laguna de San Ignacio, página 178** 1. Outubro e fevereiro; 5 mil milhas. 2. Águas quentes para parir. 3. A gordura é necessária para as baleias sobreviverem no inverno. 4. Pode-se tocar as baleias; isso é raro porque a maioria dos animais selvagens recua e foge do contato humano.

Gastronomia **Dulce de Papaya, página 184** 1. Para soprar bolinhas de sabão. 2. Queijo de cabra. **El Mate, página 185** 1. Com açúcar ou amargo, muito quente ou frio com suco de laranja, colher de chá de café e ervas medicinais. 2. Peça ao vizinho, que lhe dará com boa vontade. 3. Ajuda a curar os corações partidos. **La deliciosa papa, página 188** 1. 3 mil. 2. Purê da batata recheado com carne moída, cebola e passas fritas. **Ensalada de Yuca, página 191** 1. 2 libras. 2. Suco de laranja. 3. Tomate cereja. **Camarones en salsa blanca, página 192** 1. El Rubí. 2. Vinho branco seco. **Carnitas, página 193** 1. 5. 2. Porco. 3. Guacamoles e tortilhas frescas e quentes. **Sangría, página 194** 1. Vinho tinto. 2. Limão, laranja, pêssego, maçã. 3. Uma hora. **La Chicha, página 195** 1. Comida, bebida, hospitalidade e força. 2. Mandioca (aipim) madura. **El turrón, página 196** 1. Um quilo, com aproximadamente 2,2 libras. 2. Natal. 3. Embalagem impermeável. **La Dieta Mediterránea, página 198** 1. Níveis baixos de colesterol. 2. Mais.

Este livro foi impresso nas oficinas da
Gráfica Kunst, em Petrópolis/RJ